메타버스
제페토 쉽게
따라하기

들어가며

요즘 가장 핫한 키워드가 바로 '메타버스'가 아닐까 합니다. 메타버스와 관련하여 크게 두 가지 분야가 대두되고 있습니다. 하나는 증강현실(AR), 가상현실(VR), 혼합현실(XR)을 구현시켜주는 기기와 관련된 분야이고 다른 하나는 제페토, 이프랜드, 로블록스, 포트나이트, 디센트럴랜드, 어스2와 같은 플랫폼과 관련된 분야입니다.

영화 레디플레이어원과 같은 가상 세계를 경험하기 위해서는 뇌 과학 발달과 가상 세계를 구현시켜 줄 첨단 기기 기술 개발 등 많은 시간과 노력이 필요합니다. 현재 일론 머스크가 뉴럴링크를 설립하여 뇌에 신경 칩을 이식하는 기술을 개발하고 있고 마이크로소프트와 최근 사명을 '메타'로 바꾼 페이스북이 메타버스 가상세계를 구현해 줄 첨단 기기들의 개발에 열을 올리고 있지만 아직 극복해야할 과제가 많이 남아 있습니다.

사람들의 요구에 첨단 기술 발전은 아직 따라가지 못하지만 아바타를 통해 활동하는 가상세계는 그 가능성이 무궁무진하고 기술에 따른 제약이 없습니다.
우리나라에서 '메타버스'라고 하면 사람들은 주로 메타버스 관련 분야 중 후자인 플랫폼에 더 초점을 두고 있다는 생각이 듭니다.
그중 특히 두각을 나타내고 있는 플랫폼이 바로 네이버 제트에서 개발한 '제페토'입니다. 현재 제페토의 이용자 수는 2억 명이 넘는다고 합니다. 그리고 해외 접속자의 비율이 90%, 그 중 80%는 MZ세대라고 합니다.

따라서 제페토의 가상세계에서 활동하는 것은 곧 세계 여러 나라 사람들과 교류하며 지낸다는 의미도 됩니다. 그 안에서 여러 가지 경제, 사회, 문화 활동 등이 현실 세계에서와 마찬가지로 일어나고 있으며 비대면 문화의 확산으로 어떤 분야에서는 그 규모나 활동성 측면에서 현실 세계를 능가하기도 합니다.
제페토에서 경제활동을 한다면 어떤 경제활동이 가능할까 궁금하신 분들도 많이 있으실 것입니다. 제페토 크리에이터가 제페토 안에서 가상 경제활동을 통해 한 달에 수입을 1,500만원 거두고, 제페토 안에서 열린 블랙핑크의 가상 팬 사인회에 4,600만명이 참여했다는 것이 이제는 언론에서 대서특필할 특별한 일이 아니게 되었습니다.

메타버스가 2020년 후반부터 각종 언론매체나 서적, 강의 등을 통해 알려져 왔지만 메타버스 플랫폼들에 대한 구체적인 활용법과 그게 우리 생활과 어떻게 관련이 되어 있는지에 대한 자료가 많이 부족하다는 생각이 듭니다.
그래서 메타버스에 대한 학문적인 지식이 아닌 실제 메타버스 플랫폼 중 우리가 가장 쉽고 유용하게 활용할 수 있는 제페토 활용 방법에 관한 본 도서를 저술하게 되었습니다. 이 책은 제페토 이용 방법에 관한 내용을 스마트폰이나 컴퓨터를 많이 활용해 보지 않은 사람들도 알기 쉽게 기술하려고 많이 노력하였습니다.
주변에서 메타버스에 관한 이야기는 많이 듣지만 메타버스 가상세계를 어떻게 접하는지 잘 몰랐던 분들에게 이 책이 조금이나마 도움이 되었으면 합니다.
그럼 제페토 월드로 함께 여행을 떠나볼까요?

Contents

Chapter 1 제페토 이해하기

1. 메타버스와 제페토 / 008
2. 제페토를 활용해 무엇을 하고 있을까요? / 012

Chapter 2 제페토로 메타버스 입장하기

1. 제페토 시작
   - 가. 제페토 설치하기 ………………………… 018
   - 나. 회원 가입하기 ………………………… 023

Chapter 3 제페토 둘러보기

1. 홈 화면 상단
   - 가. 젬과 코인 ………………………… 026
   - 나. 기능 아이콘 ………………………… 027
2. 홈 화면 룸 안에 있는 메뉴
   - 가. 월드 들어가기 ………………………… 029
   - 나. 캐릭터 메뉴 ………………………… 030
   - 다. 상점 메뉴 ………………………… 050
3. 홈 화면 중앙에 있는 메뉴
   - 가. 퀘스트 메뉴 ………………………… 053
   - 나. 럭키 메뉴 ………………………… 056
   - 다. 크루 메뉴 ………………………… 060
   - 라. 링크 메뉴 ………………………… 064
4. 홈 화면 하단에 있는 메뉴
   - 가. 월드 메뉴 ………………………… 066
   - 나. 만들기 메뉴 ………………………… 069
   - 다. 피드 메뉴 ………………………… 075
   - 라. 내 프로필 메뉴 ………………………… 077

Chapter 4 제페토에서 즐기기

1. 월드 체험하기
- 가. 헬로월드 입장하기 ········· 100
- 나. 아바타 이동 방법 알아보기 ········· 103
- 다. 월드 속 메뉴별 기능 알아보기 ········· 104
- 라. 헬로월드에서 미션 해결하기 ········· 112

Chapter 5 수익창출 with 제페토 스튜디오

1. 제페토 스튜디오 둘러보기
- 가. 제페토 스튜디오 접속하기 ········· 126
- 나. 제페토 스튜디오 메뉴 살펴보기 ········· 131

2. 간단한 아이템 만들기
- 가. 제페토에서 아이템을 만들어 돈을 벌 수 있다고요? ········· 136
- 나. 10분 만에 아이템 따라 만들기 ········· 138

3. 나만의 맵 만들어 월드에 공개하기
- 가. 대신 맵을 만들어주고 돈을 벌 수 있다고요? ········· 153
- 나. 빌드잇 사용법 알아보기 ········· 154
- 다. '밤의 운치가 있는 한옥마을' 맵 따라 만들기 ········· 176

메타버스 제페토 쉽게 따라하기

Chapter 1

제페토 이해하기

1. 메타버스와 제페토
2. 제페토를 활용해 무엇을 하고 있을까요?

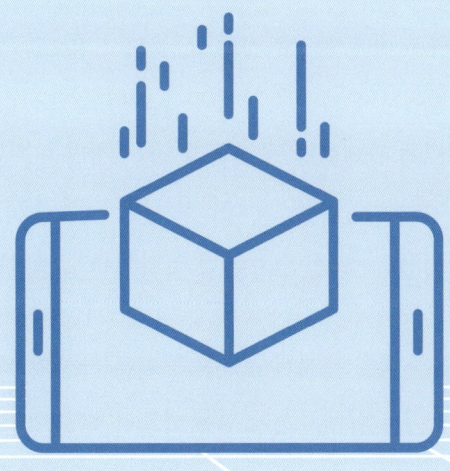

Chapter 1
제페토 이해하기

1. 메타버스와 제페토

요즘 각종 언론매체에서 메타버스(Metaverse)가 수시로 언급되고 있습니다.
메타버스와 제페토는 어떻게 연관되어 있을까요?

메타버스는 1992년 닐 스티븐슨(Neal Stephenson)이 쓴 소설인 「스노우 크래쉬」에 처음 등장한 개념입니다. 초월을 의미하는 'Meta'와 세상을 의미하는 'Universe'의 합성어로 현실을 초월한 디지털 가상 세계가 바로 메타버스라고 할 수 있습니다.

메타버스 안에서는 현실 세계와 마찬가지로 수많은 사람들이 서로 연결되어 경제, 사회, 문화 활동을 하고 있습니다.

$$Meta + Universe = Metaverse$$

그렇다면 정확히 메타버스란 무엇을 의미하는 것일까요? 미국의 비영리 기술 연구 단체(Acceleration Studies Foundation, ASF)는 메타버스의 유형을 크게 증강현실, 라이프로깅, 거울세계, 가상현실의 네 가지로 분류하였습니다. 각각의 유형에 대해 자세히 알아보도록 하겠습니다.

첫 번째 메타버스 유형은 바로 증강현실(Augmented Reality)입니다. 증강현실이란 현실 세계에 가상의 사물이나 정보가 추가된 것을 의미합니다.

2016년과 2017년에 크게 유행했던 '포켓몬 고'라는 게임을 기억하시나요? 이 게임은 현실세계에 증강현실 기술로 등장하는 포켓몬을 잡는 컨셉의 게임입니다. 어플을 실행하고 여러 곳을 돌아다니다 특정 지점을 보면 현실세계에 나타난 포켓몬을 발견할 수 있습니다.

이렇게 증강현실 기술은 현실 세계에 포켓몬과 같은 가상의 사물이나 정보를 추가하여 우리가 현실세계보다 더욱 다채로운 경험을 하도록 해 준다고 할 수 있습니다.

두 번째는 라이프로깅(Lifelogging)입니다. 라이프로깅이란 일상생활을 텍스트, 이미지, 동영상 등 다양한 형태로 기록하여 사람들과 공유하는 것을 의미합니다.

라이프로깅의 주제로는 개인의 여가, 취미 생활 등이 있습니다. 사람들은 자신이 올린 글이나 그림에 대해 다른 사람들이 반응해줌으로써 큰 쾌락을 느낀다고 합니다. 사람들이 SNS 서비스 등에 많은 자신의 삶을 기록하고 공유하는 가장 큰 이유가 바로 이것이라고 할 수 있습니다. 인간의 욕망은 끝이 없으므로 사람들은 점점 더 라이프로깅 메타버스에 참여하게 될 것입니다.

대표적인 예로 우리가 이전에 경험했던 싸이월드, 페이스북, 인스타그램에 일상을 올려 공유하는 것이 있습니다.

라이프로깅을 통해 수집된 빅데이터를 활용해 사람들의 기호를 파악하여 더 나은 서비스를 제공받을 수 있을 것입니다. 그러나 개인정보 침해와 같은 부작용을 막기 위한 대책도 강구해 놓아야 하겠습니다.

세 번째 메타버스 유형은 거울 세계(Mirror Worlds)입니다. 거울 세계란 실제 세계의 내용을 가능한 그대로 옮겨 놓은 것을 의미합니다. 대게 여기에 추가적인 정보를 더하기도 합니다. 우리가 자주 이용하는 배달앱이 대표적인 예입니다. 여기에는 현실 세계에 있는 식당에 대한 정보가 옮겨져 있습니다. 또한 추가적인 정보가 더 들어있습니다. 바로 여러 식당에 관한 평점과 후기입니다. 이 내용들은 현실 세계에서는 눈에 보이지 않는 존재하지 않는 정보입니다. 거울 세계에 정보가 더 추가되어 있는 것입니다.

가상 부동산 플랫폼도 거울 세계의 예입니다. 어스2, 업 랜드가 대표적인 예입니다. 두 플랫폼은 구글 위성지도에 등록된 현실 세계의 부동산 정보를 가상의 공간 안에 그대로 옮겨 놓았습니다. 하지만 플랫폼 내에서 가상 부동산 거래가 이루어지더라도 현실 세계에 현실 세계에 영향을 주지는 못합니다. 이것은 거울 세계가 가상의 세계이기 때문입니다.

네 번째 유형은 가상현실(Virtual Reality)입니다. 가상현실이란 디지털 가상 세계에서 실제와 같은 경험을 할 수 있는 가상 공간을 구현한 것을 의미합니다. 따라서 가상현실 내에서의 경험과 이용자의 감각을 연결하여 최대한 실제와 같은 경험을 할 수 있도록 해 주는 것을 의미합니다.

일론머스크가 주도하는 뉴럴링크와 같은 뇌과학이 발달하여 뇌에 직접 전극을 삽입하고 이를 컴퓨터와 연결하는 기술이 개발된다면 현실의 경험과 다를 바 없는 가상 세계 경험이 가능해질 것입니다. 하지만 이와 관련한 기술 발전에는 아직 많은 시간이 필요합니다. 이를 보완하기 위한 것이 VR디바이스입니다.

2015년 기어VR, 오큘러스 리프트, HTC ViVE 등의 VR 기기들이 출시되어 대중에 보급되면서 일반인들도 가상현실을 쉽게 접할 수 있게 되었습니다. 하지만 VR 기기 개발을 본격적으로 시작한 지 아직 얼마 되지 않았기 때문에 착용에 부담이 적은 기기 개발, 다양한 VR 콘텐츠의 개발, 뇌과학과 연계한 VR 기술 연구 등에서 발전이 이루어진다면 우리는 현실세계와 다름없는 디지털 가상 세계를 경험할 수 있을 것입니다.

그렇다면 우리가 이 책에서 이용 방법을 알아보려는 제페토 플랫폼과 메타버스는 어떤 관계가 있는 것일까요?

네이버의 자회사 중 네이버 제트가 있습니다. 제페토는 네이버 제트에서 2018년에 출시한 메타버스 플랫폼입니다.

제페토의 대표적인 특징으로 이용자가 콘텐츠를 만들어 이를 이용하는 것이 가능하다는 점이 있습니다. 이렇게 이용자가 콘텐츠를 만드는 것을 크리에이팅(Creating)이라고 합니다.

첫 번째는 나만의 월드를 직접 만들 수 있다는 점입니다. 제페토에서 제공하는 빌드잇이라는 프로그램을 이용하여 여러 지형과 오브젝트 등을 활용해 상상했던 공간을 크리에이팅 할 수 있습니다. 기계 언어를 알지 못하는 초보자들도 GUI환경에서 원하는 세계를 자유롭게 디자인할 수 있어 이용자의 접근성이 높은 편입니다.

월드는 아바타들이 생활하는 가상 세계 공간이며 서로 연결되는 장소이기도 합니다. 아바타를 움직여 가상 세계 안의 사람들과 1:1로 대화할 수도 있고 원하는 장소로 여행을 가며 다양한 즐길거리로 여가를 보낼 수도 있습니다. 또한 친구들과 게임을 즐길 수도 있고 아바타끼리 모여 아름다운 풍경을 배경으로 사진을 찍을 수도 있습니다.

두 번째 특징은 아이템을 만들어 수익을 창출할 수 있는 있다는 점입니다. 이용자가 직접 아바타가 입는 옷, 헤어스타일, 신발 등의 아이템을 디자인할 수 있습니다. 제페토에서 제공하는 다양한 템플릿을 이용하여 초보자도 2D 환경에서 아이템을 제작할 수 있고, 블렌더나 마야와 같은 3D 모델링 프로그램을 활용하여 더 자유롭게 원하는 아이템을 만들 수 있습니다.

  제페토 내에서 아이템을 팔아 번 수익을 현실에서 현금화 할 수 있는 것입니다. 따라서 제페토는 가상세계에서의 경제활동과 현실세계에서의 경제활동이 서로 연결되어 있는 메타버스 세계라고 할 수 있습니다.

  이 제페토는 세계적인 메가히트 플랫폼으로 성장하고 있습니다.

  전 세계 유저가 2억명이 넘을 정도로 많은 사람들이 이용하고 있습니다. 이 중 80%정도가 MZ세대이고 90%정도가 해외 유저입니다.

  제페토에 히트엔터네인먼트가 70억, YG 인베스트먼트, YG 플러스, JYP 엔터테인먼트가 각각 50억을 투자할 정도로 미래 성장 가능성이 큰 플랫폼입니다.

  그리고 제페토 안에서는 현실 세계에서 경제적인 부담이 되어 구입하지 못하는 명품 브랜드 제품들도 이를 아이템화 하여 부담이 적은 가격으로 구매해 아바타가 착용할 수도 있습니다.

  앞에서 살펴본 것처럼 제페토는 메타버스의 유형 중 '가상세계 메타버스'에 해당합니다. 현재 우리나라에서는 VR기기를 활용한 메타버스 기술에도 많은 투자를 하고 있지만 제페토와 같은 가상세계 플랫폼들에 대해 관심이 높은 편입니다. 제페토를 통해 가상세계에서 경제, 사회, 문화 등과 관련하여 할 수 있는 일들이 정말 무궁무진합니다.

Chapter 1 제페토 이해하기

2. 제페토를 활용해 무엇을 하고 있을까요?

최근 코로나19와 5G등 통신 기술의 발달로 비대면 문화가 확산되면서 연예기획사, 일반 기업, 학교, 공공기관 등 다양한 분야에서 제페토의 가상공간을 활용해 다양한 사업을 하고 있습니다. 제페토를 활용한 사례들을 대상별로 알아보도록 하겠습니다.

가. 연예기획사- YG 엔터테인먼트 블랙핑크의 버추얼 팬 사인회

2020년 9월 3일~17일까지 아이돌 걸그룹 블랙핑크의 가상 팬사인회가 제페토 안에서 열렸습니다. 제페토 가상세계 안에서 블랙핑크의 아바타와 함께 사진도 찍고 가상공간 팬 사인회를 진행했습니다. 이번 가상 사인회에는 무려 4,600만명이 접속했습니다. 또한 블랙핑크와 셀레나 고메즈의 3D 아바타가 함께 공연한 'Ice Cream' 퍼포먼스 비디오도 4,000만 뷰를 돌파하였습니다. 사람들은 비록 3D 아바타이지만 퀄리티가 높았고 세상에서 단 하나뿐인 한정판 버추얼 사인을 받아 기뻐하는 등의 후기를 남겼습니다. 제페토 외에 포트나이트나 로블록스 등의 메타버스 플랫폼 내에서도 BTS, 트래비스 스캇, 아리아나 그란데 등과 같은 연예인들의 가상 세계 공연이 활발하게 이루어지며 반응이 뜨겁습니다.

블랙핑크의 제페토 가상 공간 팬 사인회 장면
※ 출처: 유튜브 채널 'GOGO 고고 https://www.youtube.com/watch?v=YUAyzzpfSis

나. 일반 기업/명품 브랜드 구찌의 제페토 내 아이템과 월드 출시

　글로벌 럭셔리 브랜드 구찌(Gucci)는 제페토와 제휴를 맺고 구찌 IP를 활용한 다양한 패션 아이템과 3D 월드를 런칭하였습니다.

　구찌는 특유의 화려한 색감과 패턴이 수놓아진 의상, 핸드백, 액세서리 등 제품 60여 종을 아이템으로 출시하였습니다. 여기엔 올해 신상품 일부를 구현한 '버추얼 컬렉션'과 '도라에몽 X 구찌 컬렉션'등이 포함되었습니다.

　또한 3D 제페토 월드에서는 이용자들이 구찌 본사가 위치한 피렌체 배경의 '구찌 빌라(Gucci Villa)' 월드에서 아바타가 직접 신상품 아이템을 착용해 볼 수 있고 유럽풍 건축물과 아름다운 정원을 거닐며 세계 여러 나라의 이용자들과 만나 소통할 수도 있습니다.

구찌 빌라 내부 모습
※ 출처: 구찌 사이트 https://www.gucci.com/kr/ko/st/stories/inspirations-and-codes/article/zepeto-x-gucci

다. 학교/제페토에 중앙대학교 가상 서울캠퍼스 구축

중앙대학교는 제페토 내에 서울 캠퍼스 정문 인근의 모습을 그대로 가지고와 '중앙대학교 서울 캠퍼스'를 구축하였습니다. 제페토에서 제공하는 서비스인 월드 카테고리에서 '중앙대학교 서울캠퍼스'를 검색하면 해당 맵에 입장할 수 있습니다. 이 가상 캠퍼스는 코로나19로 캠퍼스 방문이 어려운 학생들에게 학교 주변 풍경을 경험할 수 있는 기회를 주기 위해 중앙대 서울 캠퍼스 63대 총학생회 '오늘'과 학생 지원팀이 제작 전반을 주도해서 만든 것입니다.

여기에는 101관(영신관), 102관(약학대학 및 R&D 센터), 103관(파이퍼홀), 107관(학생회관) 등 정문에 실재하는 건물들을 구현하였습니다. 또한 학교 로고가 새겨진 학교 잠바를 제페토 아이템으로 제작하여 아바타가 입어볼 수 있도록 하였습니다.

가상 캠퍼스는 오픈 직후부터 1000명이 넘는 학생들이 몰렸습니다. 앞으로 가상 캠퍼스 안에서 다양한 행사가 펼쳐져 중앙대학생들에게 더욱 알찬 대학생활을 선사해 줄 것입니다.

메타버스 캠퍼스 중앙대학교 서울캠퍼스
※ 출처: 제페토 '중앙대학교 서울캠퍼스'맵

라. 공공기관/메타버스 '제페토'에 서울창업허브 월드 개설

제페토 내에 서울시의 '서울창업허브 월드'가 서비스를 개시하였습니다. 월드 안에는 서울의 우수 스타트업 64개와 서울시의 창업지원시설을 한 눈에 볼 수 있는 홍보 전시관을 구현하였습니다. 서울창업허브 월드는 1인 미디어 방송을 할 수 있는 스튜디오, 투자유치 등의 비즈니스 행사가 열리는 컨퍼런스홀, 스타트업 오피스 같이 서울시가 운영하는 다양한 창업지원 시설로 구성되었습니다.

서울시는 대표적인 메타버스 플랫폼 제페토를 활용해 스타트업 글로벌 홍보 효과를 극대할 수 있을 것이라는 기대를 가지고 있습니다.

서울창업허브 스타트업 홍보관
※ 출처 : 서울시 공식 유튜브 https://www.youtube.com/watch?v=xMX05ZfrfaE

메타버스 제페토 쉽게 따라하기

Chapter 2

제페토로 메타버스 입장하기

1. 제페토 시작하기

Chapter 2
제페토로 메타버스 입장하기

1. 제페토 시작하기

제페토를 설치하기 위해서는 스마트폰이 필요합니다.
제페토는 컴퓨터에서는 이용할 수 없고
스마트폰 전용 앱으로 개발되었기 때문입니다.

가. 제페토 설치하기

1) 앱을 설치하기 위해 화면에서 '**Play스토어**'나 '**앱스토어**' 어플을 실행합니다.
여기에서는 안드로이드 폰 환경을 기준으로 설명드리겠습니다.

2) 검색창에 '제페토'나 'zepeto'를 입력하고 [돋보기]버튼을 누릅니다.

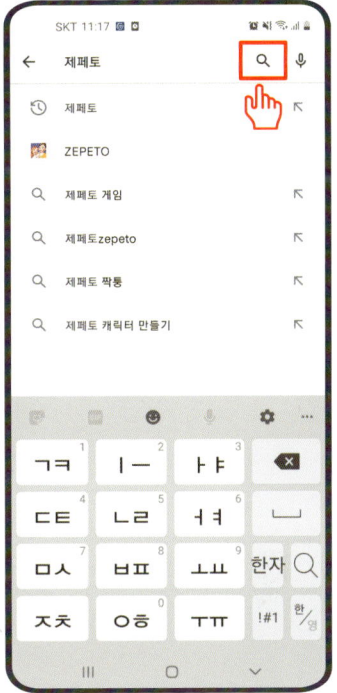

3) [설치]버튼을 눌러 설치를 진행합니다

4) 설치가 끝나면 **[열기]**버튼이 활성화 됩니다. **[열기]**를 누릅니다.

5) 이용 약관 동의를 합니다. 이때 맨 마지막의 '마케팅 정보 수신 동의'는 선택사항이므로 동의하지 않아도 관계없습니다. 동의하는 항목 앞의 원 부분을 눌러 체크 표시를 한 후 화면 하단의 **[동의합니다]**버튼을 누릅니다.

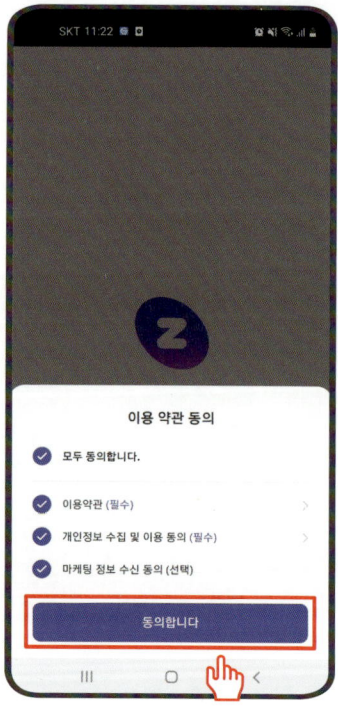

6) 원하는 캐릭터를 선택한 후 화면 하단의 [다음]을 누릅니다.

7) 나만의 개성있는 캐릭터의 이름을 지어 입력한 후 [다음]을 누릅니다.

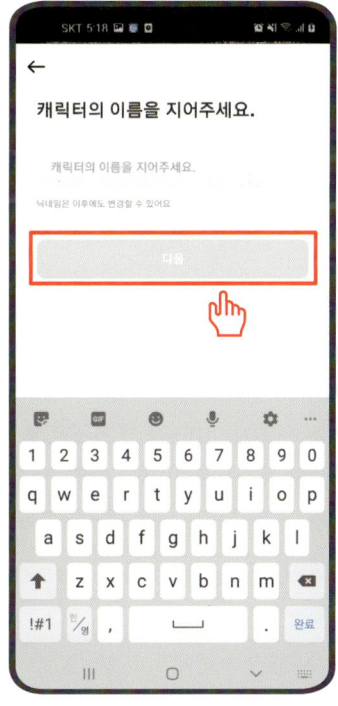

8) 생년월일을 입력하고 [다음]버튼을 누릅니다.

나. 회원 가입하기

1) 생년월일을 입력하면 다음과 같이 회원가입 창이 나옵니다. 지금 가입해도 되고 **[건너뛰기]**를 눌러 제페토에 입장해도 됩니다. 그러나 제페토의 다양한 서비스를 이용하기 위해서는 **회원가입**이 필요하므로 회원가입을 진행하도록 하겠습니다. 회원 가입은 카카오톡, 구글, 페이스북, 트위터, 라인, 휴대폰 번호, 이메일 등을 이용하여 진행할 수 있습니다. 원하는 가입 방법을 선택하여 절차대로 회원가입을 진행합니다.

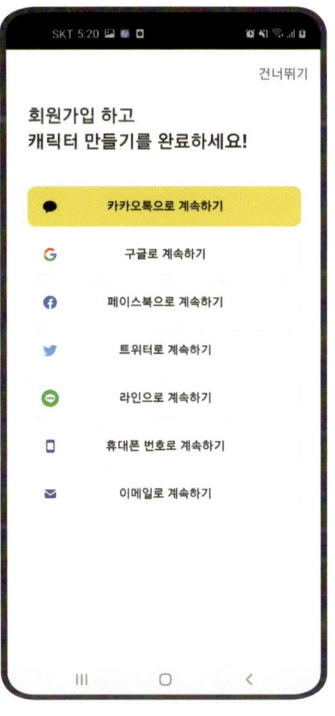

2) 회원가입이 완료되면 다음과 같이 제페토 메인화면에 입장하며 **'DAILY BONUS'** 창이 뜹니다. 매일 한 번씩 로그인할 때마다 제페토 세계 내의 가상화폐인 코인과 아이템 등의 보상을 받을 수 있습니다.

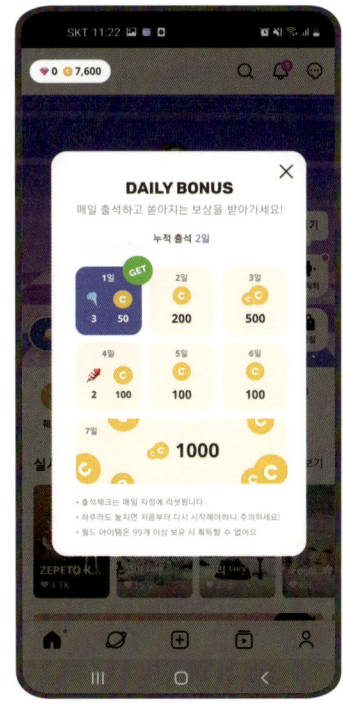

메타버스 제페토 쉽게 따라하기

Chapter 3

제페토 둘러보기

1. 홈 화면 상단
2. 홈 화면 룸 안에 있는 메뉴
3. 홈 화면 중앙에 있는 메뉴
4. 홈 화면 하단에 있는 메뉴

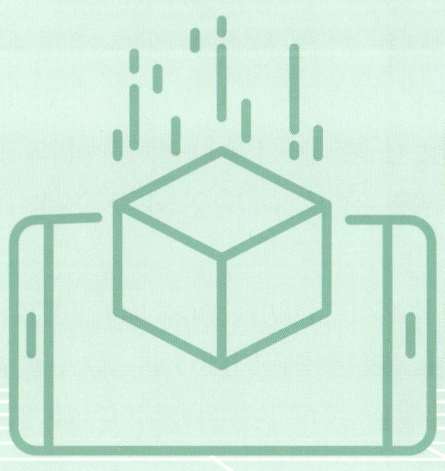

Chapter 3
제페토 둘러보기

1. 홈 화면 상단

젬, 코인, 기능아이콘에 대하여 알아보겠습니다.

가. 젬(ZEM)과 코인(COIN)

제페토 세계 안에서는 젬과 코인이라는 가상화폐가 있습니다.

젬과 코인을 이용해 아이템을 구매할 수 있습니다. 라이브 방송을 하는 스트리머에게 코인과 젬을 후원으로 보낼 수도 있습니다. 제페토 안에서 아이템을 만들어 판매하는 경우 이용자들이 젬을 이용하여 구매하고 판매자는 5000젬부터 출금이 가능합니다. 5000젬은 환율에 따라 가치가 변하지만 약 12만원 정도에 해당하는 가치를 갖습니다.

참고로 1젬은 약 85.7원, 1코인은 약 0.2564원의 가치를 갖습니다.

화면 왼쪽 상단에는 현재 보유하고 있는 젬과 코인이 표시됩니다. 젬과 코인은 현금을 지불하여 충전할 수도 있지만 미션 수행 등을 통해 무료로 얻을 수도 있습니다.

나. 기능 아이콘

기능 아이콘은 화면 우측 상단에 **돋보기 모양, 종 모양, 메시지 모양**의 총 3가지 아이콘으로 이루어져 있습니다.

1) 돋보기 모양 아이콘 🔍

이 아이콘을 누르면 계정, 태그, 맵, 아이템을 검색할 수 있습니다.

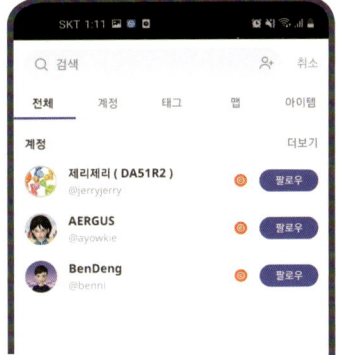

2) 종 모양 아이콘 🔔

알림과 선물함 탭으로 이루어져 있습니다.

가) 알림 탭에는 내가 팔로잉 하는 친구가 새로운 게시물을 올리거나 다른 사람이 나를 팔로우 하기 시작하는 알림 등 새로운 소식을 받을 수 있습니다.

나) 선물함 탭에서는 다른 사람이 선물한 내역을 확인할 수 있고 선물 받기가 가능합니다. 스파이더맨 의상 아이템을 선물받아 착용해 보았습니다.

3) 메시지 모양 아이콘

[메시지 모양 아이콘]을 누르면 1:1이나 여럿이 함께 채팅을 할 수 있습니다.
오른쪽 상단의 [+]를 누르거나 화면 하단의 [시작하기]를 누르면 대화를 시작할 수 있습니다.
대화상대를 선택해 준 후, 오른쪽 상단의 [완료]버튼을 눌러주고 대화를 시작하면 됩니다.

2. 홈 화면 룸 안에 있는 메뉴

월드 들어가기, 캐릭터, 상점 메뉴에 대하여
알아보겠습니다.

가. 월드 들어가기

[월드 들어가기]를 누르면 랜덤으로 맵에 들어갈 수 있습니다. 누를 때마다 다른 맵으로 들어가게 됩니다.

월드에 들어갈 때는 로딩되는 동안 다음과 같은 화면이 나옵니다.

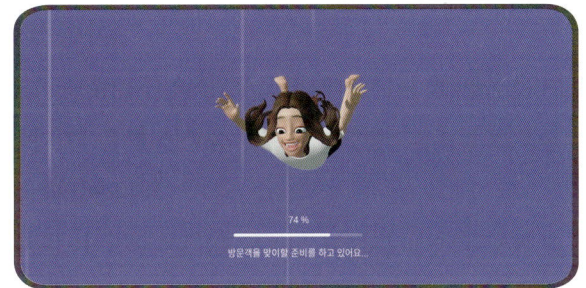

월드에 처음 입장하면 월드 사용에 관한 튜토리얼이 제시됩니다.

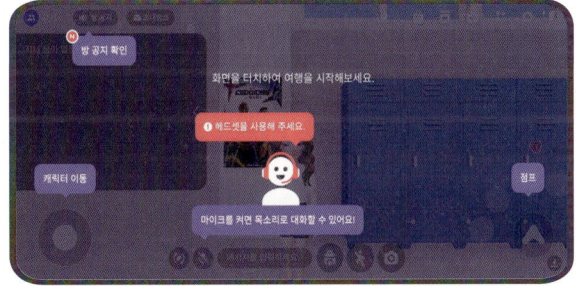

튜토리얼 화면을 클릭하면 월드를 이용할 수 있습니다.

나. 캐릭터 메뉴

1) 메뉴 구성

[캐릭터 메뉴]를 누르면 다음과 같이 캐릭터를 꾸밀 수 있는 화면이 나옵니다. 꾸미기 메뉴는 화면의 오른쪽 상단에 크게 네 가지로 되어 있는 것을 볼 수 있습니다. 각각 얼굴 모양 아이콘, 의상 모양 아이콘, 크리에이터스 아이콘, 전등 모양 아이콘입니다.

2) 얼굴 모양 아이콘

화면 오른쪽 상단의 [얼굴 모양 아이콘]을 누르면 화면 가운데에 얼굴과 관련되어 꾸밀 수 있는 항목 위주의 아이콘이 표시됩니다. 왼쪽부터 차례대로 MY, 위시리스트, 체형, 헤어, 엑세서리 및 모자, 얼굴, 메이크업, 눈썹, 눈 모양, 아이라인, 코, 입술, 립 메이크업, 수염, 안경을 꾸밀 수 있는 항목이 나옵니다.

[MY]를 누르면 자신이 가지고 있거나 무료로 적용 가능한 얼굴 관련 아이템들을 볼 수 있습니다.

위시리스트는 유료인 아이템 중 마음에 드는 아이템을 길게 눌렀을 때 그 아이템들을 표시해주는 항목입니다. 온라인 쇼핑을 할 때 사고 싶은 물건을 잠시 담아두는 일종의 '장바구니' 기능이라고 생각하면 좋습니다. 아이템을 골라 길게 누르면 화면 가운데 커다란 하트 모양이 나오는 것을 볼 수 있습니다. 아이템 옆에도 하트 모양 표시가 됩니다.

Chapter 3. 제페토 둘러보기 **031**

[위시리스트 아이콘]을 누르면 해당 아이템을 확인할 수 있습니다.

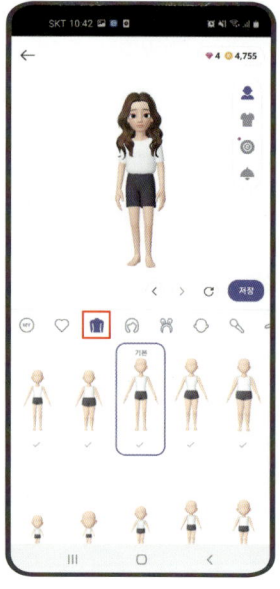

체형은 아바타의 신체 비율을 설정하는 항목입니다. 이 세 가지를 제외한 나머지는 모두 얼굴을 꾸밀 수 있는 항목들입니다.

가) 헤어스타일 선택하기

[헤어스타일 아이콘]을 누르면 캐릭터에 다양한 헤어스타일을 적용해보고 구입할 수 있습니다. 헤어스타일을 시험삼아 적용해 보는 것은 아이템을 구입하지 않아도 가능합니다. 유료 아이템의 가격이 부담스러울 경우 오른쪽 맨 끝의 [신상품순]을 누르면 나오는 메뉴에서 두 번째 [내아이템순]을 누르면 무료로 적용이 가능한 아이템들을 볼 수 있습니다.

  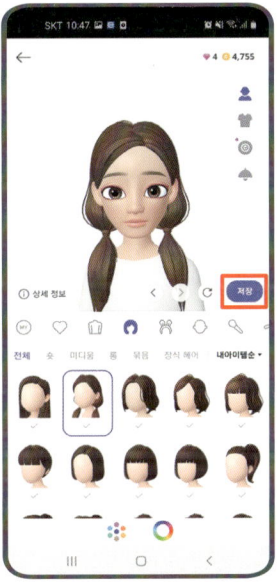

적용한 유료 아이템을 구입하고 싶을 경우에는 화면 우측 중앙의 [구매]버튼을 눌러 구매를 완료한 후 다시 원래 화면으로 돌아와 같은 자리에 있는 [저장]버튼을 누릅니다.
무료 아이템의 경우 캐릭터에 해당 아이템을 눌러 적용한 후 [저장]버튼을 눌러 헤어스타일 꾸미기를 완료합니다.

화면 아래에 팔레트 모양 아이콘과 무지개 도넛 모양 아이콘이 있습니다.

[팔레트 모양 아이콘]을 누르면 해당 아이템의 색상을 조절할 수 있습니다.

[무지개 도넛 모양 아이콘]을 누르면 지불한 젬의 금액에 따라 일정 기간 동안 헤어, 피부, 눈썹 등 모든 얼굴 파트의 컬러를 구매한 기간 동안 자유롭게 바꿀 수 있습니다.

나) 엑세서리 및 모자 선택하기

헤어스타일 꾸미기와 마찬가지로 원하는 엑세서리 및 모자를 선택하여 캐릭터에 적용시킨 후 [저장]버튼을 누릅니다.

화면에 보이는 캐릭터를 터치하여 원하는 방향으로 드래그 해주면 캐릭터가 아이템을 착용한 모습을 여러 방향에서 볼 수 있습니다. 캐릭터는 360도 회전이 가능합니다.

다) 얼굴 꾸미기

얼굴 꾸미기는 얼굴형, 점, 주근깨, 주름 꾸미기 항목으로 이루어져 있습니다.
얼굴형을 꾸며보겠습니다.

① 제시되는 얼굴형태 중 원하는 얼굴형을 고르는 방법과 커스텀 기능을 이용하는 방법이 있습니다. 얼굴형 고르는 방법은 아이템 적용하는 방법과 같습니다.

보다 상세한 얼굴형 수정을 위해 [커스텀 아이콘]을 누릅니다.

② 앞모습과 옆모습을 수정할 수 있는 탭이 있습니다.
앞모습을 수정해보겠습니다. 수정이 가능한 곳에 하얀색 원 모양이 생긴 것을 볼 수 있습니다. 턱을 수정하기 위해 턱 부위에 표시된 하얀색 원을 누르면 가로와 세로 조절 바가 생기는 것을 볼 수 있습니다. 화면 상단에 생기는 화살표 표시는 가로와 세로 방향으로 조절이 가능하다는 안내표시입니다.

③ 가로 조절 바를 이용하여 턱의 너비를 늘려 보겠습니다.

④ 세로 조절 바를 이용하여 턱의 길이도 늘려 보겠습니다.

〈턱의 길이 수정 전〉   〈턱의 길이 수정 후〉

⑤ 이번에는 옆모습을 수정해보 겠습니다. 화면 하단의 옆모습 탭을 누릅니다.

수정을 원하는 부위를 눌러 가로와 세로 조절 바를 이용해 수정해준 후 화면 우측 상단의 [확인]버튼을 눌러 수정을 완료합니다. 턱의 너비를 조금 줄여보았습니다.

〈옆 모습 턱의 너비 수정 전〉   〈옆 모습 턱의 너비 수정 후〉

메이크업, 눈썹, 눈 모양, 아이라인, 코, 입술, 립 메이크업, 수염, 안경류 중 꾸미고 싶은 부분을 선택하여 앞에서와 마찬가지 방법으로 꾸며주면 됩니다. 아이템을 적용한 뒤에는 반드시 [저장]버튼을 눌러 변경된 사항을 저장해야합니다.

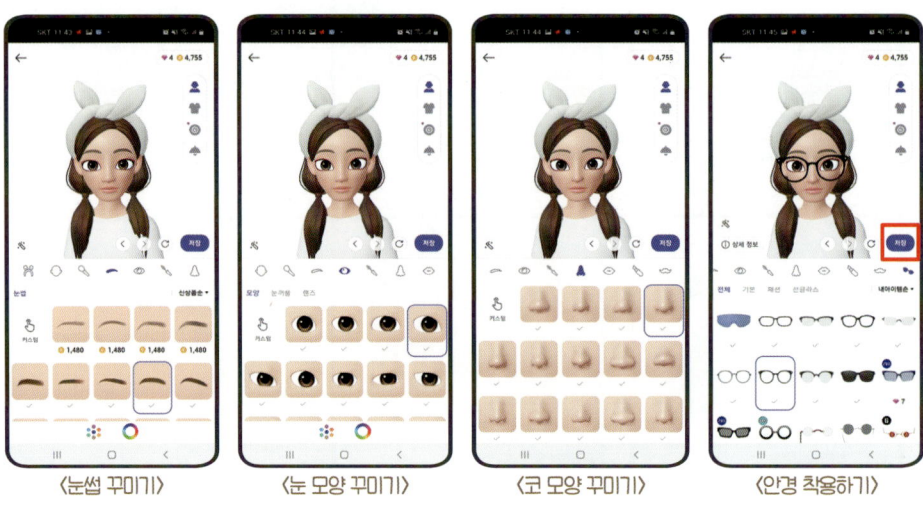

〈눈썹 꾸미기〉 〈눈 모양 꾸미기〉 〈코 모양 꾸미기〉 〈안경 착용하기〉

3) 아이템으로 꾸미기

얼굴 꾸미기를 완료했으니 이제 아바타에게 의상을 골라 입혀주도록 하겠습니다. 화면 오른쪽 위의 [옷 모양 아이콘]을 누릅니다.

아이템 꾸미기는 MY, 위시리스트, NEW, 한 벌 의상, 상의 및 하의, 탈, 셔츠, 외투, 바지, 치마, 양말, 신발, 헤어스타일, 엑세서리 및 모자, 안경, 귀금속, ACC(악세서리)의 하위 항목들로 구성되어 있습니다.

가) MY 메뉴

MY 메뉴는 내 코디, 전체, 의류, 헤어, 신발, 기타의 하위 항목으로 구성되어 있습니다. 왼쪽의 [+]버튼을 누르면 현재 코디를 저장할 수 있습니다.

저장된 코디를 길게 누르면 코디와 관련한 메뉴가 나옵니다. [갈아입기]를 누르면 해당 코디로 캐릭터 모습을 바꿀 수 있습니다. 만약 저장된 코디를 삭제하고 싶다면 [삭제]버튼을 누릅니다.

[갈아입기]를 눌러 기존에 저장된 코디로 변경하여 보겠습니다. 코디가 마음에 들면 [저장]버튼을 누릅니다. 다시 원래대로 돌아가려면 기존에 저장했던 코디를 눌러 적용합니다.

다른 하위 항목들인 전체, 의류, 헤어, 신발, 기타에는 내가 구매하였거나 선물 받았거나 착용하였던 아이템들을 한 곳에 모아서 볼 수 있습니다.

TIP

변경 전으로 돌아가고 싶으면 화면 가운데의 앞으로 [화살표] 버튼을 누르거나 동그란 화살표 모양의 [실행 취소]버튼을 누릅니다. 이전 저장으로 돌아가거나 아이템을 모두 해제할 수 있습니다. 아이템을 모두 해제하면 헤어까지 모두 해제되는 것을 볼 수 있습니다.

나) 위시리스트 메뉴

위시리스트는 얼굴 꾸미기와 동일합니다.
장바구니 기능처럼 마음에 드는 아이템을 골라 길게 누르면 이곳에 리스트가 저장됩니다.

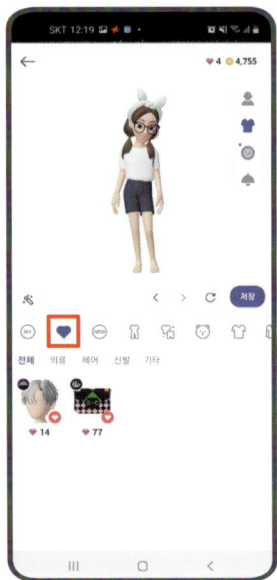

다) NEW 메뉴
'NEW'에서는 카테고리에 관계없이 새로 나온 아이템들을 착용하거나 구매할 수 있습니다.

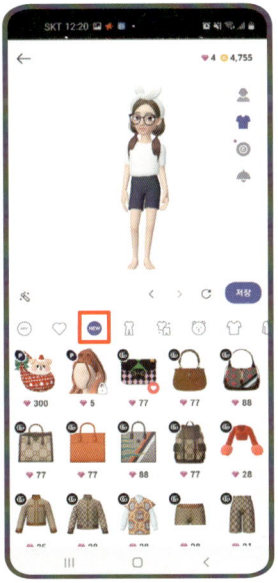

라) 한 벌 의상 메뉴
한 벌 의상에서는 한 벌로 된 미니 원피스, 롱원피스, 캐쥬얼, 수트와 같은 일상복 아이템을 착용하거나 구매할 수 있습니다.

마) 상의 및 하의 메뉴

상의 및 하의 메뉴에서는 코스튬, 파티복, 시즈널, 전통의상 등 주로 특별한 날 입는 의상 아이템을 착용하거나 구매할 수 있습니다.

바) 탈 메뉴

탈 메뉴는 탈과 특수체형 항목으로 구성되어 있습니다. 다양한 유명 캐릭터의 탈을 착용하고 특수 체형으로 탈에 어울리는 체형으로 몸을 바꿀 수도 있습니다.

사) 셔츠 메뉴

셔츠 메뉴는 티셔츠, 셔츠, 후디, 크롭의 하위 항목으로 구성되어 있습니다.
크롭을 착용해보겠습니다.

아) 외투 메뉴

외투 메뉴는 숏, 미디움, 롱의 하위 항목으로 이루어져 있습니다.
떡볶이 단추 코트를 착용해 보겠습니다.

자) 바지 메뉴

바지 메뉴는 숏, 미디움, 롱의 하위 항목으로 구성되어 있습니다.
떡볶이 단추 코트에 어울리는 청바지를 입어보겠습니다.

차) 치마 메뉴

치마 메뉴도 바지와 마찬가지로 숏, 미디움, 롱의 하위 항목으로 구성되어 있습니다.
롱 치마를 입어보겠습니다.

카) 양말 메뉴

양말 메뉴는 발목, 기본, 무릎, 무릎 위, 허리까지의 하위 항목들로 구성되어 있습니다.
의상 색깔에 어울리는 흰색 양말을 신고 [저장]버튼을 누르겠습니다.

타) 신발 메뉴

이제 신발을 신어볼 차례입니다. 신발 메뉴는 구두, 스니커즈, 샌달, 부츠의 하위 항목들로 구성되어 있습니다. 양말 색에 어울리는 구두를 신고 [저장]버튼을 누르겠습니다.

파) 귀금속 메뉴

귀금속 메뉴는 팔찌, 목걸이, 귀걸이, 피어싱, 발찌의 하위 항목들로 구성되어 있습니다.
목걸이와 귀걸이를 착용한 후 [저장]버튼을 누르겠습니다.

하) ACC 메뉴

ACC는 악세서리(ACCESSORY)를 의미합니다. 가방, 마스크, 날개, 시계, 네일아트, 장갑, 기타의 하위항목으로 되어있습니다. 여기에서는 구찌와 같은 명품 브랜드 아이템을 몇 천 원 정도에 구입할 수 있습니다. 현실세계에서는 높은 가격으로 부담이 되지만 가상현실 세계에서는 비교적 부담 없이 내 아바타에게 명품 가방을 사줄 수 있습니다.

4) 크리에이터가 만든 아이템 보기

제페토에는 제페토 자체적으로 제작하여 판매하는 아이템과 이용자 중 아이템을 만드는 크리에이터들이 제작하여 판매하는 아이템이 함께 판매되고 있습니다. 아이템 크리에이터들은 현재 150만명 이상이며 매달 6만명의 크리에이터들이 새로운 아이템을 출시하고 있습니다. 따라서 창의적인 아이디어로 이용자의 다양한 취향을 충족시킬 아이템들이 많이 있습니다.

크리이에터가 만들어 판매하는 아이템을 모아서 보기 위해 오른쪽 상단의 [크리에이터스 아이콘]을 누릅니다. 그러면 다음과 같이 꾸미기 하위 항목별로 여러 크리레이터들이 출시한 아이템들을 볼 수 있고 구매할 수 있습니다.

5) 룸 꾸미기

이번에는 룸을 꾸미기 위해 [전등 모양 아이콘]을 눌러보겠습니다. 룸은 내 아바타가 홈 화면에서 지내는 공간을 의미합니다. 화면 왼쪽 상단의 앞으로 가기 화살표를 눌러 메인 화면으로 이동해보 겠습니다. 내 아바타가 보라색 톤의 바닥과 벽으로 된 룸 안에 서 있는 것을 볼 수 있습니다. 여기 있 는 룸을 꾸미는 것입니다.

다시 룸 꾸미기로 돌아가기 위해 [캐릭터-전등모양 아이콘] 순으로 누릅니다.

바닥과 벽에 [+ 모양 아이콘]이 있는 것을 볼 수 있습니다. 꾸미기 원하는 위치의 [+]모양을 클릭하 면 그 곳을 아이템을 이용해 꾸밀 수 있습니다.

먼저 바닥을 꾸미기 위해 바닥에 있는 [+]버튼을 누릅니다. 그러면 아래에 바닥을 꾸밀 수 있는 아 이템들의 목록이 패턴, 그래픽, 러그, 타일, 기타 항목으로 제시됩니다. 원하는 바닥 디자인을 적용 해보고 마음에 드는 바닥 디자인을 구매하거나 무료인 경우는 [저장]을 눌러 저장합니다. 구매는 방의 모든 부분을 다 꾸미고 난 후 한꺼번에 해도 괜찮습니다.

러블리한 핑크 바닥에 하트 무늬가 있는 바닥을 적용해보겠습니다.

방 안의 다른 공간들도 같은 방법으로 꾸며줍니다. 구매가 필요한 아이템들은 구매해준 후 [저장] 버튼을 눌러줍니다. 홈 화면으로 이동해보면 좀 전에 꾸민 방 디자인이 적용된 것을 확인해볼 수 있습니다. 방을 클릭해주면 큰 화면으로도 볼 수 있습니다.

다. 상점 메뉴

[상점 메뉴]를 누르면 캐릭터, 선물하기, 크리에이터스의 하위 메뉴가 보입니다. 그 아래로 다양한 카테고리가 있습니다. 콜라보레이션, 신규 오픈 아이템, 추천 크리에이터 아이템, 인기 컨셉샵, 주목할 크리에이터, 베스트 아이템 등 다양한 정보를 얻으며 아이템을 구매할 수 있습니다.
캐릭터 메뉴는 홈 화면에 있는 캐릭터 메뉴와 같은 기능입니다.

[선물하기 메뉴]를 누르면 아이템을 골라 팔로잉하는 친구에게 선물을 보낼 수 있습니다.

크리에이터스 메뉴는 캐릭터 메뉴의 하위 항목인 크리에이터스 메뉴와 같은 기능으로 크리에이터들이 만든 아이템 목록을 보고 구매할 수 있는 메뉴입니다.

콜라보레이션샵에서는 제페토와 제휴한 기업들이 판매하는 아이템을 구매할 수 있습니다. 구찌를 눌러보면 명품 브랜드 구찌 아이템을 구매할 수 있는 화면이 나옵니다. 다른 기업들을 눌러도 해당 기업 브랜드의 아이템을 구매할 수 있습니다.

 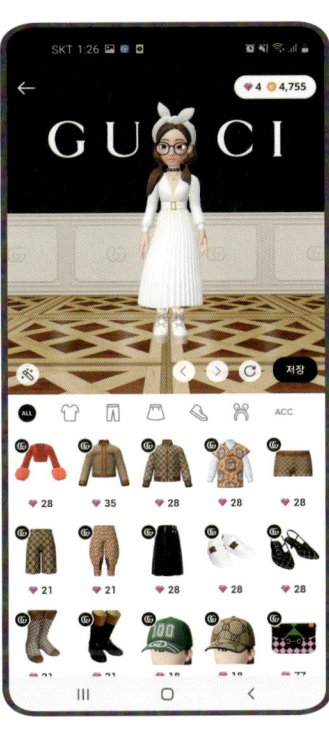

가장 하단의 베스트 아이템 카테고리에서는 현재 가장 많이 팔린 아이템을 확인하고 구매에 참고할 수 있습니다. 하단의 [더 보기]를 누르면 20위까지 순위를 확인할 수 있습니다.

Chapter 3
제페토 둘러보기

3. 홈 화면 중앙에 있는 메뉴

홈 화면 중앙에는 퀘스트, 무료코인, 스타일, 크루, 링크 메뉴가 있습니다.

가. 퀘스트 메뉴

1) 퀘스트 메뉴에 들어가 보겠습니다.

홈 화면에서 [퀘스트 메뉴]를 누릅니다. 퀘스트 메뉴는 상단의 퀘스트와 럭키 탭으로 구성되어 있습니다.

오늘의 퀘스트 주제는 '우리 친해지자! 제페토를 하나씩 알아가 볼까?'입니다.

퀘스트에는 무료로 젬, 코인, 아이템을 받을 수 있는 다양한 미션들이 제시되어 있습니다. 아래에 나와 있는 7개의 모든 미션을 완수한 후 500코인을 추가로 받을 수 있습니다.

2) 젬을 얻기 위해 5번째 항목인 '제페토 월드 룸에 입장해 봐'의 옆에 있는 [보상받기]를 눌러보겠습니다.

버튼을 누르자 바로 젬을 획득할 수 있었습니다.

3) 이번에는 코인을 모아보겠습니다.

가장 첫 번째 항목인 '캐릭터>얼굴에 가 보자'의 옆에 있는 [보상받기]를 눌러보겠습니다.
역시 버튼을 누르자마자 100코인을 획득할 수 있었습니다.

4) 물음표가 그려져 있는 랜덤 상자에는 어떤 선물이 있을지 세 번째 항목인 '캐릭터 > 인테리어를 방문해봐~'의 옆에 있는 '보상받기'를 눌러보겠습니다.

버튼을 누르자 만국기 아이템을 획득할 수 있었습니다.

5) 모든 퀘스트를 완수하고 화면 상단의 [보상받기]를 누르면 500코인을
보상으로 받을 수 있습니다.

6) 처음에 제시된 퀘스트를 모두 완수하면 다시 새로운
퀘스트 목록이 나오는 것을 볼 수 있습니다.

나. 럭키 메뉴

1) Now 카테고리 들어가보기

가) 럭키 메뉴에 들어가 보면 젬이나 코인을 얻을 수 있는 항목이 크게 'Now'와 '확률UP' 카테고리로 나뉘어 있습니다. 퀘스트 메뉴는 보상이 확실히 정해진 상태에서 미션을 수행하는 방식이라면 럭키 메뉴에서는 보상을 받을 수 있을지 없을지 아직 확실하지 않다는 차이가 있습니다. 즉 운에 따라 보상 여부가 결정되는 메뉴입니다. 두 번째의 [젬 획득 찬스]를 눌러 미션을 수행해 보겠습니다.

나) 젬을 받을 수 있는 미션들이 나옵니다. 첫 번째 항목을 눌러보겠습니다. 조건이 써 있습니다. 인스톨 받고, 60일 내에 수행하며 신규 유저만 가능합니다.

미션은 다음과 같습니다. 'Ice Cream Run'이라는 게임을 설치 후 실행하여 Level 30, 50, 70, 100을 완수함에 따라 젬을 받을 수 있습니다.

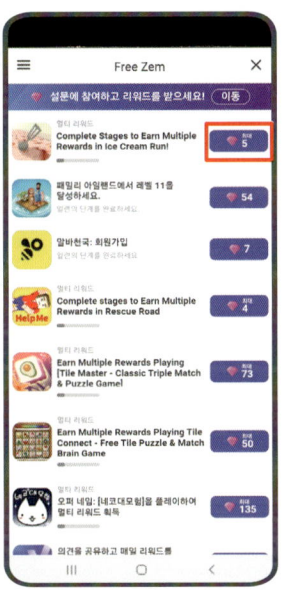
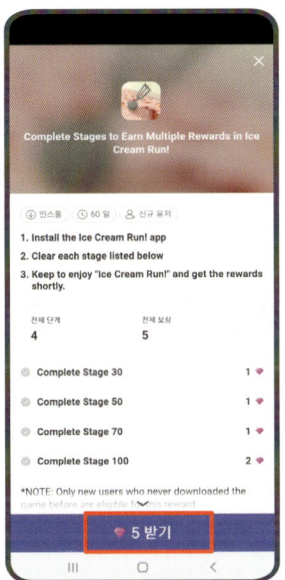

다) 미션 수행을 위해 게임을 설치하고 [플레이]버튼을 눌러 실행해보았습니다. Level 5까지 달성하였는데 30까지 달성하면 젬을 얻을 수 있습니다.

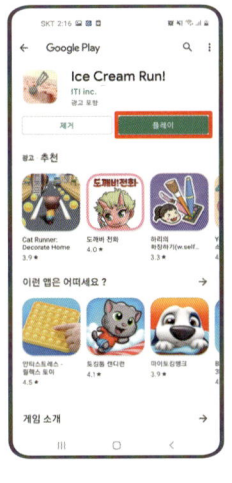
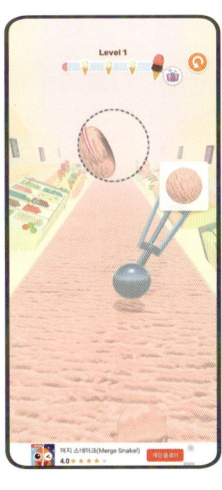

2) 확률UP 카테고리 들어가보기

이번에는 확률UP 카테고리에 들어가 보겠습니다. 이번에는 코인을 얻을 수 있는 네 번째 스크래치 속의 스크래치를 해보도록 하겠습니다.

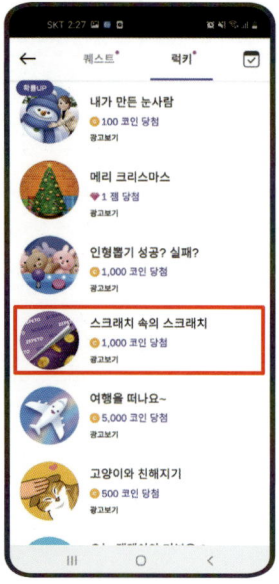

가) '스크래치 속의 스크래치'를 누르면 광고를 보고 당첨을 확인할 것인지를 묻는 대화상자가 나옵니다. [OK]를 누르면 나오는 광고를 우측 상단에 표시된 시간만큼 시청한 후 화면 상단의 [X]를 누릅니다.

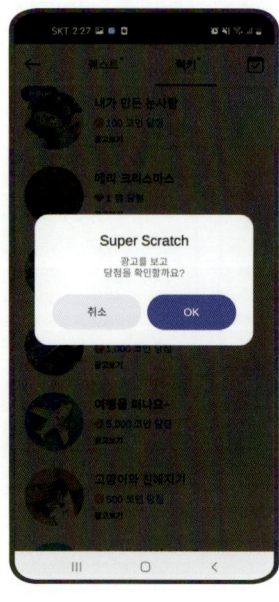  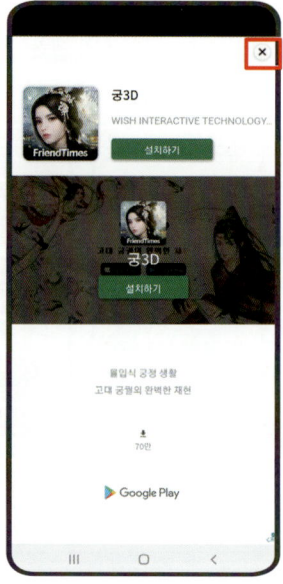

나) 손가락으로 긁을 수 있는 스크래치 판이 나옵니다. 긁어보겠습니다. 아쉽게도 '다음기회에..'가 나와서 보상을 받지 못했습니다. 그러나 아래 보너스 스크래치가 있습니다. 긁어보니 35코인에 당첨되었습니다. 한번 당첨되지 않는 동일한 항목에 다시 도전도 가능합니다. 단, 하루 5회로 제한되고 광고를 먼저 하나 더 보고 난 후, 다시 본 광고를 하나 더 봐야 참여가 가능합니다.

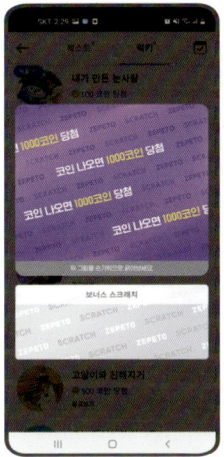   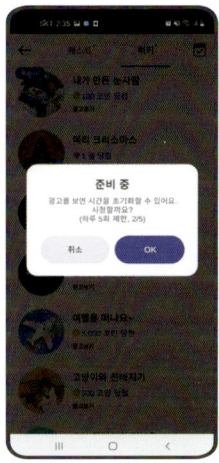

다. 크루 메뉴

크루 메뉴에 대해 알아보겠습니다. '크루(Crew)'는 영어로 승무원, 선원, 팀이라는 의미를 가진 단어입니다.

제페토 크루는 동아리나 친목 모임을 뜻합니다.

1) 크루에 참여하기

① 홈 화면에서 [크루]를 눌러 메뉴에 입장하면 추천 크루와 다양한 주제별 크루들의 목록을 볼 수 있습니다.

② 크루의 주제 중 팬덤을 선택하여 '블랙핑크 팬클럽' 크루에 참여해보겠습니다. 블랙핑크 팬클럽이라고 써 있는 곳의 오른쪽 [참여]를 누르고 다음 화면의 하단에 있는 [이 크루에 바로 참여하기]를 눌러 크루에 입장합니다.

③ 크루에 입장하면 채팅창에 메시지를 입력해서 맴버들과 대화를 나눌 수 있습니다.

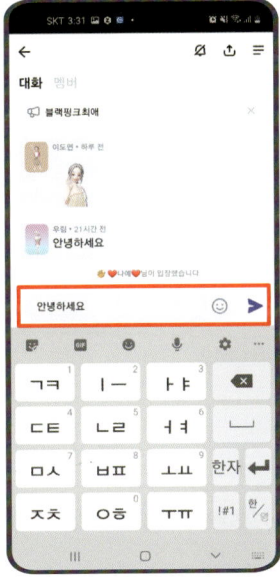 

④ 크루 메인화면에서 하단의 가운데 [사람 모양의 아이콘]을 누르면 크루를 개설하고 있는 새 멤버, 추천 멤버, 팔로잉 하는 멤버 탭이 나옵니다. 오른쪽의 팔로우를 누르면 각 멤버를 팔로우 할 수 있고, 멤버에 관한 자세한 정보를 알고 싶으면 해당 멤버를 누르면 활동 상황을 알 수 있으며 같은 크루에도 참여가 가능합니다.

크루에 입장하기 전에 소개 글과 질문에 대한 답변을 입력해야 하는 경우도 있습니다.

2) 크루 개설하기

크루를 개설하는 방법을 알아보겠습니다. '방탄소년단 팬클럽'을 주제로 하여 크루를 만들어보도록 하겠습니다.

① 크루 메인화면 하단의 세 번째 [프로필 아이콘]을 누르면 나오는 화면 오른쪽 위의 [+]를 누릅니다. 비밀크루와 오픈크루 중 한 가지를 선택합니다.

② 오픈크루로 만들어보겠습니다.

오픈크루를 눌러 다음과 같이 크루에 대한 정보를 입력하고 [다음]버튼을 누릅니다. 이어서 해시태그를 입력해줍니다. 이때 해시태그는 최대 3개까지만 입력이 가능합니다. 마지막으로 하단의 [크루 만들기]를 눌러주면 해당 크루가 생성된 것을 볼 수 있습니다. 특정한 참가자들만 참여하기를 원한다면 '비밀크루'로 만들어 줍니다.

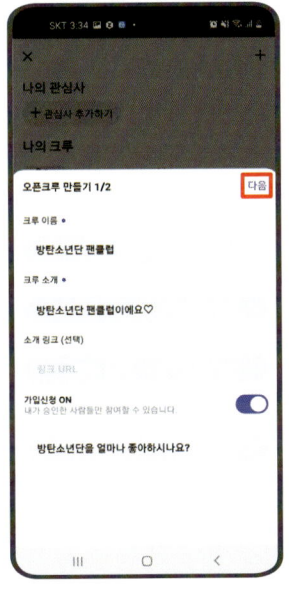
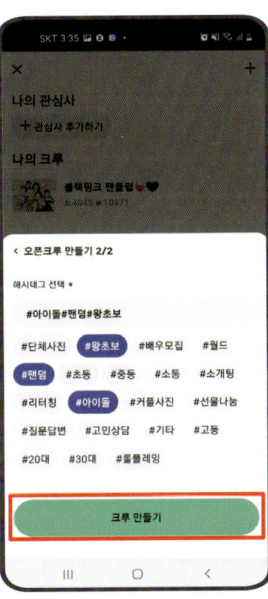

라. 링크 메뉴

이번에는 클립 모양의 링크 메뉴에 대해 알아보겠습니다.

링크 메뉴는 다른 사람을 제페토에 초대할 때 보낼 수 있는 링크를 제공하는 메뉴입니다.

1) [링크 메뉴]를 누르면 다음과 같은 화면이 나옵니다.

화면 하단의 [공유하기]를 누르면 기본적으로 생성되어 있는 링크 주소를 바로 복사할 수도 있습니다. 여기서는 나만의 초대 문구를 넣어 친구를 초대하는 링크를 만들어보겠습니다.

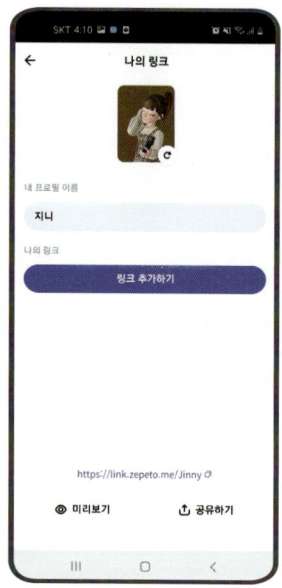

2) 화면 중앙의 [링크 추가하기]를 누르면 다음과 같이 버튼 문구와 URL을 입력하는 칸이 나옵니다.

버튼 문구에 초대할 때 보낼 메시지를 입력합니다. URL은 화면에 제시된 'https://link.zepeto.me/Jinny'를 입력합니다.

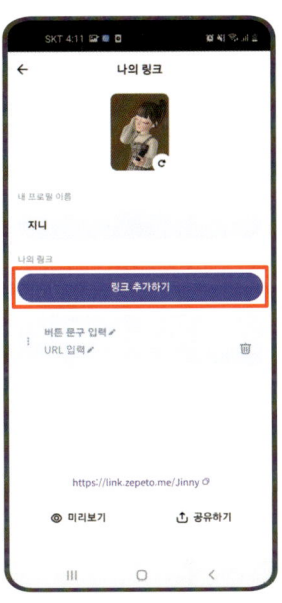

3) [미리보기]를 누르면 보내질 링크 내용을 확인해 볼 수 있습니다.

4) 카카오톡에 보낸 초대 링크를 클릭하면 좀 전에 입력한 버튼 문구와 제페토를 다운로드할 수 있는 링크가 보내진 것을 확인할 수 있습니다.

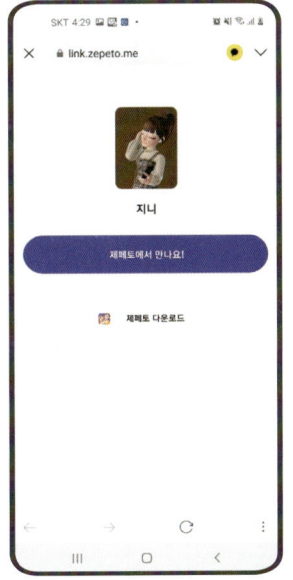

4. 홈 화면 하단에 있는 메뉴

월드, 만들기, 피드, 내 프로필 메뉴에 대해 알아보겠습니다.

가. 월드 메뉴

홈 화면 하단의 행성에 고리가 있는 모양의 **[월드 메뉴]**를 누르면 오른쪽 상단에 '+방 만들기'와 화면에 월드를 추천, 빠른 입장, Let's Play!, 친구, 미세먼지 싫어!, 오징어게임 맵, 인기 공식맵, 주목할 크리에이터, 최근 방문한 맵, 나만의 포근한 아지트, 새로 나온 맵, 인기 크리에이터 맵, 즐겨찾기의 카테고리로 구성되어 있는 것을 볼 수 있습니다.

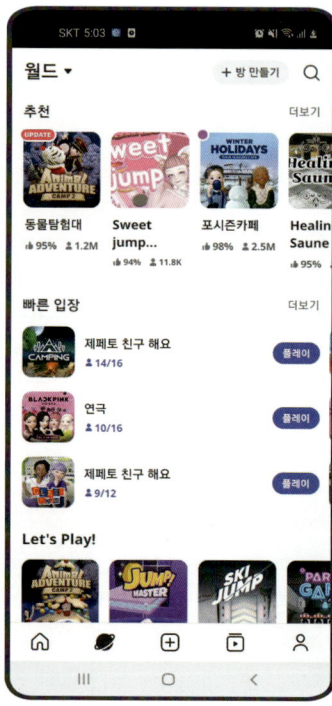

그럼 방 만들기 방법과 카테고리별 맵 선택방법에 대해 알아보도록 하겠습니다.

1) 방 만들기

제페토에는 자체적으로 제공하는 맵과 크리에이터가 만든 맵 등 다양한 맵이 있습니다. 이 맵을 활용하여 방을 개설할 수 있습니다.

가) 화면 우측 상단의 [+방 만들기]를 누르면 다음과 같이 제목 입력, 월드 선택, 공개여부 설정을 하는 창이 나옵니다. 롯데월드 맵에서 사람들과 함께 놀이기구를 타며 친목을 도모하기 위한 방을 만들어보겠습니다. ① 제목을 입력하고 ② 월드의 오른쪽을 클릭하여 '롯데월드'를 검색한 후 ③ 가장 첫 번째의 롯데월드 공식 맵을 선택한 후 ④ [다음]을 누르면 방 만들기 제목입력, 월드선택, 공개여부 설정 창으로 다시 돌아옵니다. 맨 아래의 ⑤ [만들기]를 누릅니다.

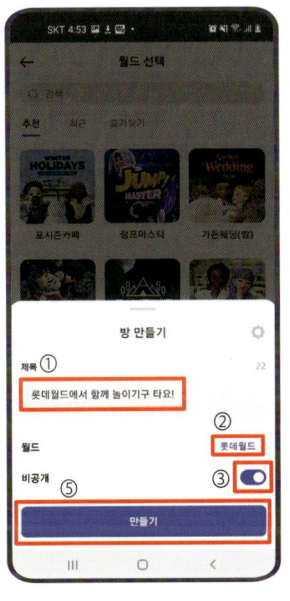

나) 롯데월드 맵에 입장하였습니다. 팝업창에 롯데월드 맵에서 즐기는 팁을 3가지 소개해 주고 있습니다. 연이어 방에 초대할 수 있는 링크 주소가 나옵니다. 링크 복사를 하여 SNS 등을 활용해 방 주소를 공유할 수 있습니다.

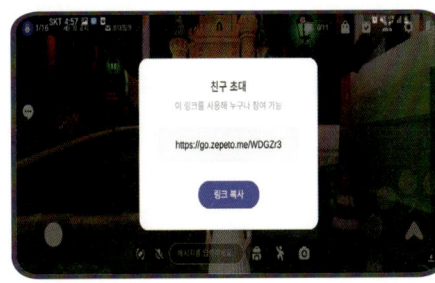
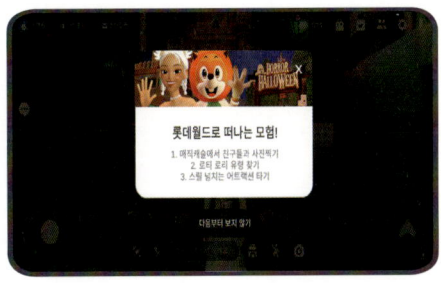

2) 카테고리별 맵 선택하기

카테고리별로 맵을 살펴보면 원하는 월드에 입장하기가 수월합니다. 추천 맵은 가장 많은 사람들이 이용하는 월드입니다. 이 곳에 들어가보면 즐길거리가 굉장히 많습니다. 그리고 게임을 즐기고 싶다면 'Let's Play!' 카테고리에 있는 맵을 이용하면 좋습니다. 이밖에도 카테고리별 다양한 맵을 검색해보고 마음에 드는 맵을 골라보기를 추천드립니다.

나. 만들기 메뉴

화면 하단의 가운데에 있는 네모 박스 안에 **[+가 그려져 있는 아이콘]**을 누르면 만들기 메뉴로 들어갈 수 있습니다. 만들기 메뉴는 크게 세 부분으로 구성되어 있습니다. 화면 위에서부터 오른쪽 상단의 **(카메라, 돋보기, 필터 메뉴)**, 그리고 **(MY, HOT, NEW, 템플릿, Photo, 비디오, 1명, 커플, 챌린지, 일상, 러블리, 댄스, 스타일리쉬, 우정샷, 감정적인, 귀여운, 엑티브, 코믹 카테고리 설정 탭)**, 화면 오른쪽 하단의 **(업로드)**로 되어 있습니다.

하나씩 알아보도록 하겠습니다.

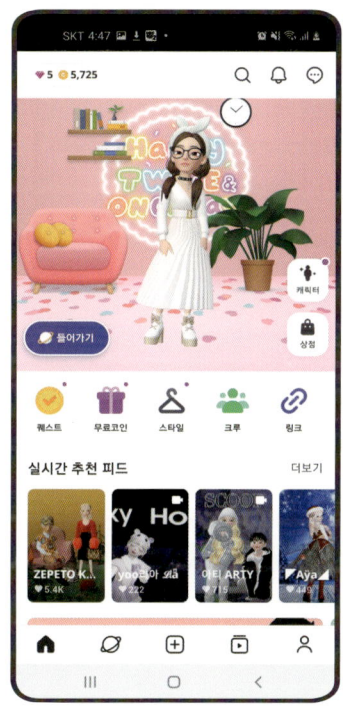 

1) 카메라 메뉴

[카메라 모양의 아이콘]을 클릭하면 내 아바타가 동영상이나 사진을 촬영할 수 있습니다.
처음 실행하면 엑세스 허용 여부를 묻는 대화창이 나옵니다. 각각 [허용]을 눌러줍니다. 실행시 기본적으로 동영상과 룸 모드로 설정되어 있습니다. 사진 모드로 변경할 수도 있습니다. 사진과 동영상 모드는 다시 화면 맨 하단의 액션, 룸, 일반, AR 모드 중 선택할 수 있습니다.

가) 촬영하기

[액션 모드]를 선택하면 내 아바타가 나의 얼굴 표정과 동작을 그대로 따라합니다. 내 목소리를 넣어 동영상을 촬영하면 마치 자신이 이야기하는 것처럼 보이게 할 수도 있습니다. 제스쳐를 선택하여 원하는 컨셉을 골라 아바타가 다양한 제스쳐를 취하게 할 수도 있습니다.

[배경]을 누르면 내가 꾸민 룸을 비롯하여 사진 뒤의 배경을 다양하게 선택할 수 있습니다. [필터]를 누르면 사진의 분위기와 색조를 보정할 수 있습니다.

〈배경 바꾸기〉 〈필터로 사진 보정하기〉

설정을 다 마치고 난 후에는 [완료]나 [확인], [다음]버튼이 없어서 원래대로 돌아가는 방법을 잘 모르는 경우가 있습니다. 다시 원래 화면으로 돌아가려면 메뉴가 아닌 화면의 아무 곳이나 터치하면 됩니다.

[AR 모드]를 선택하고 평평한 바닥을 인식시켜 주면 내 아바타가 나타납니다. 동영상에 등장하는 캐릭터를 추가하고 싶으면 [+캐릭터]를 눌러 원하는 컨셉을 선택하여 화면에 나오는 캐릭터를 추가할 수도 있습니다.

사진 촬영하기도 동영상 촬영 방법과 같은 방법으로 진행하면 됩니다.

2) 검색 메뉴

[검색] 메뉴를 누르면 계정, 태그, 맵, 아이템을 검색할 수 있습니다.

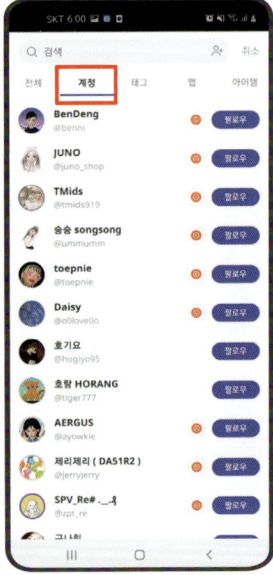 

〈계정 검색 창〉 　　　　〈맵 검색 창〉

3) 필터 메뉴

필터 메뉴를 이용하면 보다 상세한 자료 검색을 할 수 있습니다.

가) [필터] 메뉴를 누릅니다. 타입, 인원, 카메라 샷, 키워드 중 필요한 정보를 입력한 후 우측 상단의 [적용]을 누릅니다.

나) 원하는 자료가 있는지 확인해보고 필터링이 잘 되지 않았으면 다시 한번 필터를 이용해 검색을 해봅니다.

4) 카테고리 설정 탭

포즈를 카테고리별로 볼 수 있습니다. MY, HOT, NEW, 템플릿, Photo, 비디오, 1명, 커플, 챌린지, 일상, 러블리, 댄스, 스타일리쉬, 우정샷, 감정적인, 귀여운, 엑티브, 코믹 카테고리 중 원하는 카테고리를 눌러서 원하는 내용을 찾아봅니다.

5) 업로드 메뉴

업로드를 누르면 스마트폰 앨범에 저장된 이미지, 동영상을 게시하여 제페토 팔로잉 친구들과 공유할 수 있습니다.

다. 피드 메뉴

제페토 피드는 자신이 만든 게시물을 올리고 다른 제페토 이용자들과 공유하는 곳입니다. Go Crazy, Cold Blooded 챌린지 등도 유행하고 있습니다. 1억 뷰 이상의 피드 게시물도 심심치 않게 볼 수 있습니다.

1) [피드 메뉴]를 누르면 그때마다 다른 피드 게시물이 추천되어 나옵니다.

이번에는 말레이시아 이용자가 만들어 올린 뮤직비디오가 나왔습니다. 뮤직 비디오 내용이 너무 좋아 오른쪽 하단에 있는 하트 풍선을 선물해 주었습니다. 오른쪽 하단의 '…' 모양을 누르면 게시물의 세부 정보를 볼 수 있습니다.

2) [말풍선 아이콘] 을 누르면 게시물에 글을 입력할 수 있습니다.

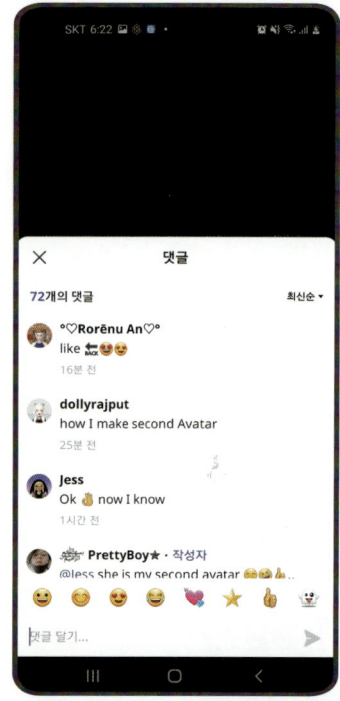

3) [화살표 모양의 아이콘] 을 누르면 이 게시물을 다른 사람들에게 공유할 수 있습니다.

라. 내 프로필 메뉴

홈 화면 하단의 마지막에 있는 사람 메뉴를 누르면 프로필 메뉴로 이동할 수 있습니다. 내 프로필 메뉴는 크게 네 부분으로 되어 있습니다.

화면 맨 상단에 캐릭터 메뉴, 설정 메뉴가 있고 그 아래에는 게시물, 팔로워, 팔로잉 현황이 표시됩니다. 그리고 프로필 편집, 내 캐릭터, 친구추가, QR코드 메뉴가 있습니다. 마지막으로 게시물, 태그, 스타일, 아이템, 맵을 볼 수 있는 탭이 있습니다.

1) 캐릭터 메뉴

[캐릭터]메뉴를 누르면 아이템을 이용해 캐릭터를 꾸밀 수 있는 화면이 나옵니다. 이용 방법은 캐릭터 꾸미기 내용과 같습니다.

2) 설정 메뉴

계정관리, 푸시 알림, 이모지 만들기, 저장공간 관리 등을 할 수 있습니다.
이 중 이모지 만들기 방법과 저장공간 관리에 대해 알아보겠습니다.

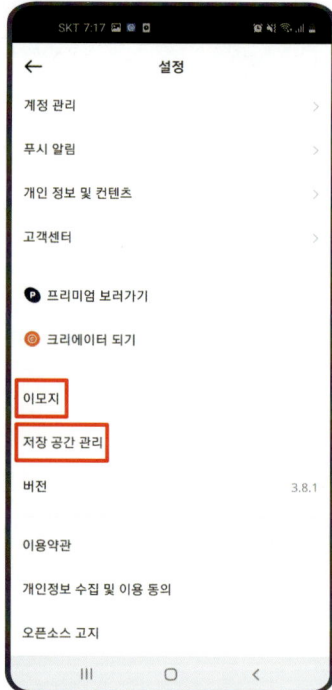

가) 이모지 만드는 법

'이모지'는 이모티콘과 이미지의 합성어입니다. 내 감정이나 현재 상태 등을 나타낼 때 활용합니다. 내 아바타가 들어가게 이모지를 만들 수 있습니다.

① 설정 메뉴의 가운데쯤에 있는 [이모지]를 누릅니다. 기본적으로 제공하는 다양한 이모지가 있어 이용할 수 있습니다. 직접 만들려면 하단의 [이모지 만들기]를 누릅니다. 무슨 일인지 고민하는 것을 주제로 이모지를 만들어 보겠습니다.

② 표정 탭에서 알맞은 표정을 선택해 줍니다. 가로 조절 바로 아바타의 몸 방향을 바꿀 수 있습니다. 세로 조절 바로는 아바타의 원근감을 조절할 수 있습니다.

③ 제스처 탭에서 알맞은 제스처를 선택합니다.

④ 배경 탭에서 원하는 디자인의 배경을 선택합니다.

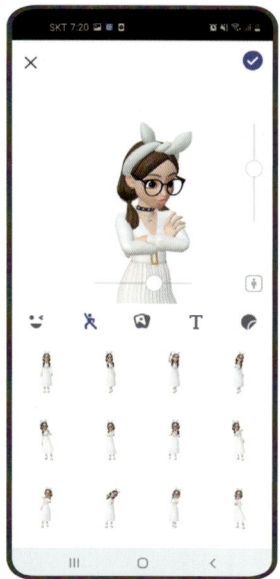

⑤ 텍스트 탭에서 상황에 어울리는 글자를 넣어줍니다.

⑥ 스티커 탭에서 원하는 스티커를 골라 넣어줍니다. 귀여운 파인애플 스티커를 넣어보겠습니다. 이때 스티커는 화면 위에 집게 손가락을 터치한 상태에서 끌어 크기 조절이 가능합니다.

⑦ 이미지를 다 만들었으면 화면 우측 상단의
  'V' 표시를 누르고 [저장]을 클릭합니다.

⑧ 완성된 이미지를 SNS나 기타 방법을 통해 다른 사람들과 공유할 수 있습니다.

나) 게시물, 팔로워, 팔로잉 현황 표시
프로필 화면에는 게시물, 팔로워, 팔로잉 현황이 표시됩니다.

① 게시물 보기
내가 올린 게시물은 프로필 화면 아래쪽에 미리보기와 함께 확인할 수 있습니다.

② 팔로워 보기
[팔로워]를 누르면 팔로워 현황을 볼 수 있습니다.

③ 팔로잉 보기

[팔로잉]을 누르면 팔로잉한 이용자 목록을 볼 수 있습니다.

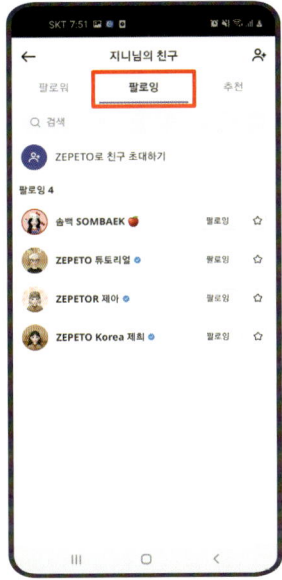

④ 프로필 편집

[프로필 편집]을 누르면 이름, 직업, 국가, 상태 메시지 등 프로필 내용을 수정할 수 있습니다.

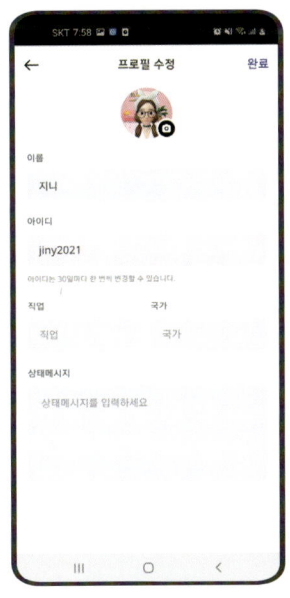
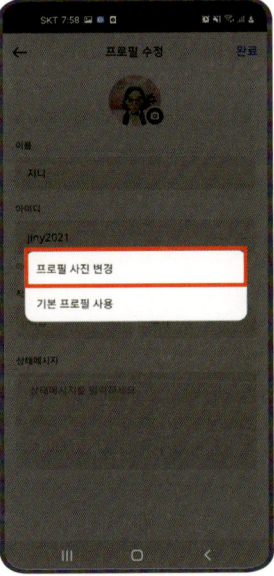

㉮ 프로필 사진 변경하기
화면 상단의 프로필 사진 옆에 있는 카메라 모양 아이콘을 누르고 [프로필 사진 변경]을 누르면 프로필 사진을 변경할 수 있습니다.

❶ 알맞은 포즈를 선택합니다.　　　❷ 배경화면을 설정해 줍니다.

❸ 필터를 이용하여 수정해줍니다.

❹ 수정을 마치면 프로필 사진의 아무 곳이나 터치하고 오른쪽 상단의 [V]를 눌러줍니다.
다시 프로필 수정 창에서 오른쪽 상단의 [완료]버튼을 누릅니다.

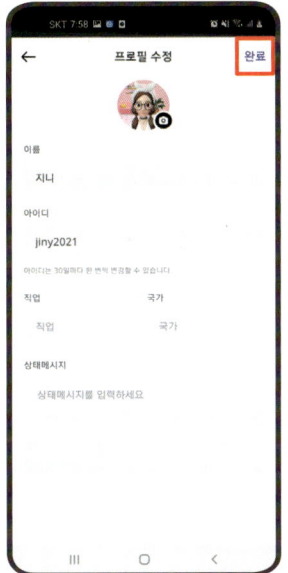

❺ 프로필 메뉴 화면으로 돌아와 보면 프로필 모습이 바뀌어 있는 것을 볼 수 있습니다.

⑭ 상태 메시지 입력하기

상태메시지를 입력해 보겠습니다. 독자 여러분들과 제페토에서 만날 날을 기대하며 '제페토에서 만나요!'라고 적고 [완료]버튼을 눌렀습니다. 프로필을 보면 상태 메시지 내용이 반영된 것을 확인할 수 있습니다.

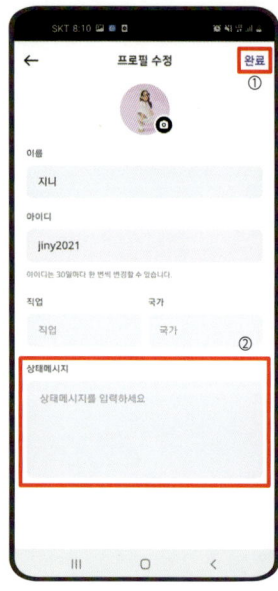 

⑤ **캐릭터 관리**

캐릭터 관리는 크게 네 부분으로 구성되어 있습니다.
캐릭터 이미지, 캐릭터 추가, 우측 상단의 +, 왼쪽 하단의 톱니 모양의 관리 메뉴가 그것입니다.

㉮ **캐릭터 이미지**

캐릭터 이미지를 클릭하면 그 캐릭터를 기본 캐릭터로 지정할 수 있습니다.

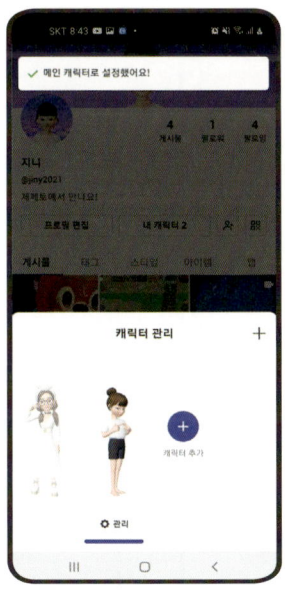

⑭ 캐릭터 추가

캐릭터를 추가하는 방법에는 크게 세 가지가 있습니다.

❶ 제페토 기본 캐릭터 중에서 선택하기

① [캐릭터 추가]를 누릅니다.

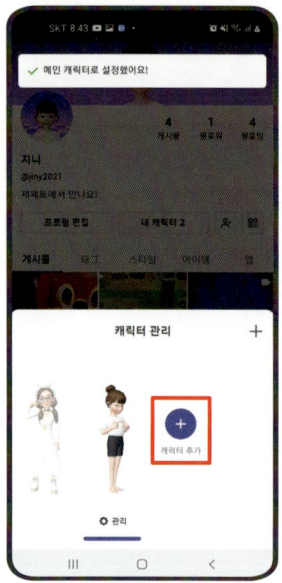

② 캐릭터의 [성별]을 선택합니다.

③ 캐릭터 이미지 중에서
[원하는 캐릭터]를 선택합니다.

④ 캐릭터를 꾸며줍니다.

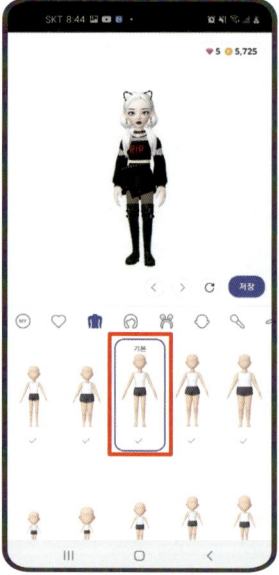

❷ 셀카로 만들기

① [캐릭터 추가]를 누릅니다.

② 캐릭터의 [성별]을 선택합니다.

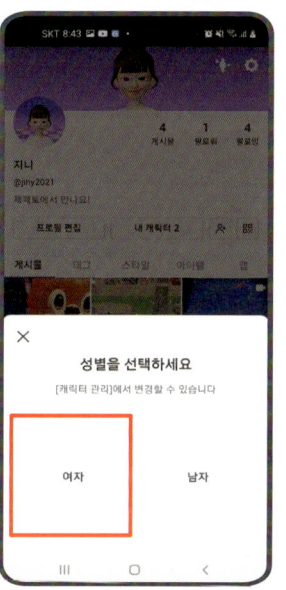

③ [셀카로 만들기]를 선택합니다.

④ 하얀 테두리 안에 얼굴이 잘 들어오도록 하여 화면 하단의 [하얀색 촬영]버튼을 눌러 셀카를 찍습니다.

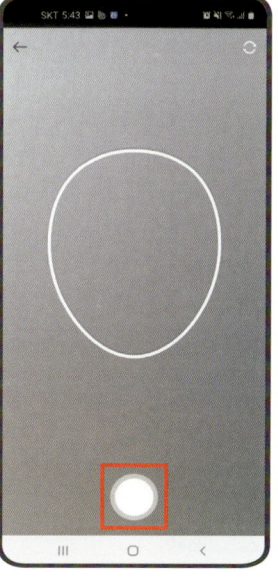

⑤ 피부 색을 선택해 준 후 [다음]을 누릅니다.

⑥ 셀카로 찍은 모습이 반영된 캐릭터가 나옵니다. 만약 수정하고 싶으면 다시 찍기를 눌러 다시 촬영하고, 수정 사항이 없다면 [완료하기]를 누릅니다.

⑦ 캐릭터를 꾸며줍니다.

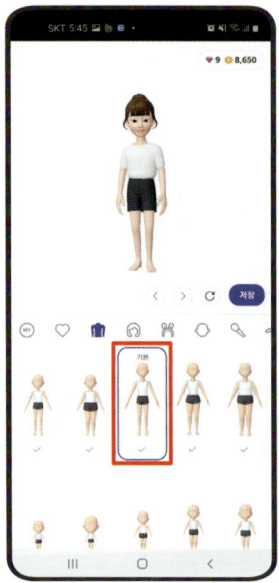

❸ 사진으로 만들기

① [캐릭터 추가]를 누릅니다.

② 캐릭터의 [성별]을 선택합니다.

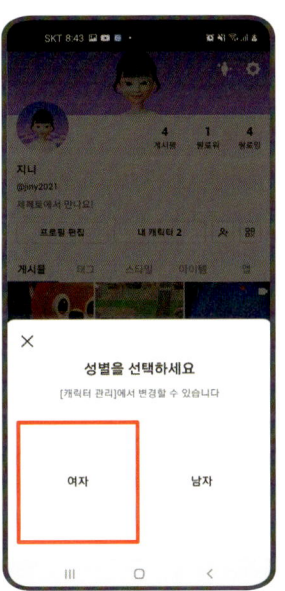

③ [사진으로 만들기]를 선택합니다.

④ 휴대폰 앨범에 저장된 사진 중 [원하는 사진]을 골라 선택합니다.

⑤ 피부색을 선택해 준 후 [다음]을 누릅니다.

⑥ 캐릭터가 잘 만들어졌는지 확인해 보고 수정이 필요하면 사진 바꾸기를, 수정할 사항이 없으면 [완료하기]를 누릅니다.

㉓ +모양 아이콘

[+모양 아이콘]을 누르면 현금을 지불하여 캐릭터를 추가로 구매할 수 있습니다.

 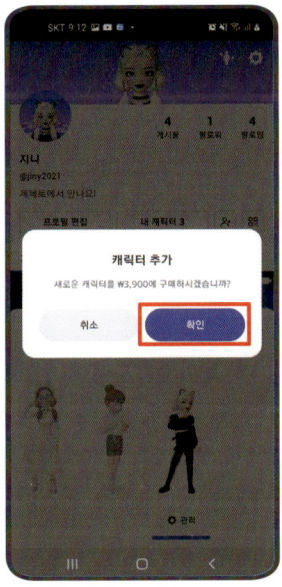 

㉔ ⚙ 관리

[관리]를 누르면 초기화와 남자로 바꾸기가 나옵니다. 여기서 여자로 바꾸기가 나오지 않은 이유는 여자 캐릭터이기 때문에 성별을 바꾼다면 반대 성인 남자로 바꿀 수 있기 때문입니다.

❶ 초기화

[초기화]를 누르면 현재 캐릭터는 사라지고 새로운 캐릭터를 다시 선택할 수 있습니다. 먼저 [성별]을 선택하고 앞에서와 마찬가지로 제페토에서 제공하는 캐릭터를 선택하는 방법, 셀카로 만들기, 사진으로 만들기의 방법을 이용해 [새로운 캐릭터]를 선택할 수 있습니다. 앞에서 남자로 바꾸기로 선택했기 때문에 제페토에서 남자 캐릭터를 제공하고 있는 것을 볼 수 있습니다.

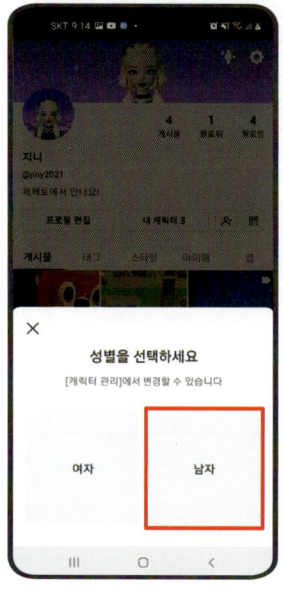 

❷ 성별 바꾸기

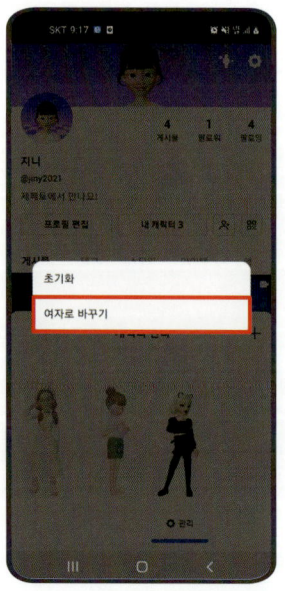

성별을 바꾼다고 해서 캐릭터의 외향이 바뀌지는 않습니다. 단순히 성별만 바뀌는 것입니다.
성별을 남자로 바꾸자 이번에는 여자로 바꾸기 메뉴가 활성화 된 것을 볼 수 있습니다.

⑥ 친구 추가

[친구 추가 아이콘]을 누르면 친구를 추가할 수 있습니다.

친구 아이디나 이름을 검색하여 추가할 수도 있고 페이스북 친구, 연락처 친구추가, 친구 초대, 코드 스캔하기를 통해 친구를 추가할 수도 있습니다. 그리고 나를 팔로우한 친구, 추천 친구를 팔로우하여 친구 추가할 수도 있습니다. 여기서 '팔로우'는 '친구추가'를 의미합니다.

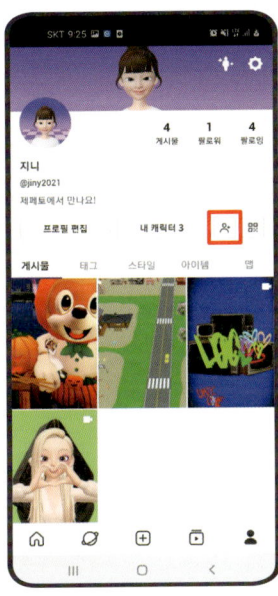 

㉮ 친구 초대

[친구 초대]를 누르면 SNS 서비스 등 다양한 방법을 통해 팔로우 권유 메시지를 보낼 수 있습니다.

㉴ 코드 스캔하기

코드를 스캔하여 친구를 추가할 수도 있습니다. 내 코드를 상대방에게 보내는 방법을 알아보겠습니다. 화면 우측 상단의 [QR코드 아이콘]을 누릅니다. 그러면 내 QR코드가 나오는데 이를 저장, 공유, 복사 등의 방법으로 상대방에게 보낸 후 팔로우하도록 하면 되겠습니다.

상대방에게 QR코드를 받았을 경우에는 코드 스캔하기 메뉴에 들어가 상대방 QR코드를 스캔하면 팔로우 할 수 있습니다.

메타버스 제페토 쉽게 따라하기

Chapter 4

제페토에서 즐기기

1. 월드 체험하기

Chapter 4 제페토에서 즐기기

1. 월드 체험하기

제페토에는 2만개 이상의 맵이 존재합니다. 사람들에게 인기 있는 맵으로는
헬로월드, 한강공원, 롯데월드, 가든웨딩, 동물탐험대 등이 있습니다.
헬로월드는 단계별 미션을 수행하며 기본적인 월드 이용법을 익힐 수 있을 뿐만 아니라
보상으로 무료 젬, 코인, 아이템도 얻을 수 있는 곳입니다.
그럼 지금부터 헬로월드 속으로 들어가 보도록 하겠습니다.

가. 헬로월드 입장하기

1) 메인 메뉴 하단의 **[월드 메뉴]**를 누르고 우측 상단의 **돋보기 모양의 [검색 메뉴]**를 누릅니다.

 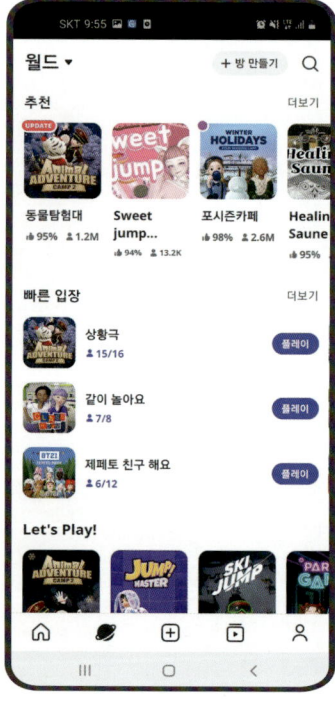

2) 검색창에 **[헬로월드]**를 입력한 후, 아래에 나오는 헬로월드를 선택합니다. 맵 관련 정보를 확인한 다음 화면 하단의 **[플레이]버튼**을 누릅니다.

  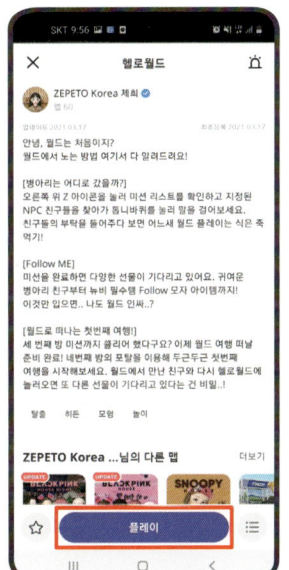

3) 다음과 같은 화면이 나오면서 방에 입장할 수 있습니다. 방에 들어가면 **헬로월드를 알차게 즐기는 TIP**이 나오며 이 설명을 잘 읽어봐야 방을 제대로 즐길 수 있습니다.

 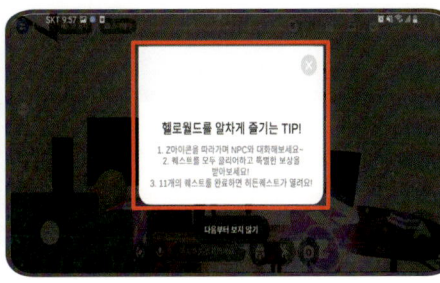

4) 방에 입장하면 머리 위에 [Z]이라고 적혀 있는 아바타들이 보입니다. 이 아바타들은 **NPC(Non-Player-Character)**입니다. **NPC**는 실제 사람이 조종하는 캐릭터가 아니고 제페토 서버에서 프로그램 되어 자동으로 활동하는 캐릭터들입니다. 향후 AI기술과 결합한다면 이들과도 실제 사람들처럼 상호작용이 가능할 것입니다. 여러분들은 이들에게 다가가서 정보를 얻어 미션을 수행할 수 있습니다.

나. 아바타 이동 방법 알아보기

1) 이동 방법

가) 화면 오른쪽 하단의 하얀 동그라미 모양을 손으로 터치해서 원하는 방향으로 당기면 아바타가 그 방향으로 걸어갑니다.

나) 하얀 동그라미 모양을 큰 동그라미 바깥쪽으로 당기면 아바타가 달리며 이동하게 할 수 있습니다.

다) 오른쪽 하단의 위쪽 방향으로 된 [화살표 모양]을 누르면 아바타가 점프하게 할 수 있습니다.

다. 월드 속 메뉴별 기능 알아보기

월드 안에 입장하면 다양한 메뉴 아이콘이 보입니다. 어떤 기능이 있는지 하나씩 알아보도록 하겠습니다.

1) 화면 상단 메뉴

가) 방 참여자 보기
화면 상단의 [사람 둘 모양의 아이콘]을 누르면 현재 월드 안에 참여한 참가자 목록을 볼 수 있습니다.

나) 방 공지 보기
화면 상단의 [방 공지]를 누르면 방을 개설한 사람이 방 안에 있는 전체 참가자에게 공지하는 내용을 볼 수 있습니다.

다) 초대링크 보내기
[초대링크 아이콘]을 누르면 그림과 같이 SNS서비스나 메시지, 커뮤니티 등을 활용하여 현재 월드에 참여할 수 있는 링크를 보내 원하는 상대방을 초대할 수 있습니다.

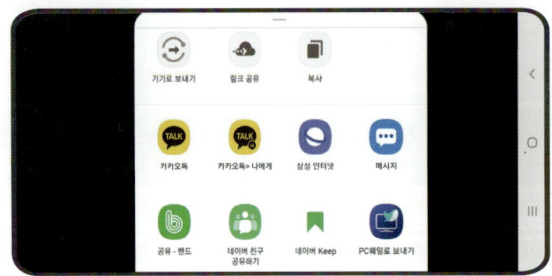

라) [Z 모양의 아이콘]을 누르면 헬로월드 튜토리얼 퀘스트가 나옵니다.
단계별 미션을 수행하면 받을 수 있는 보상과 현재 미션 수행 상황, 현재 수행해야하는 미션 안내 등의 정보를 확인할 수 있습니다.

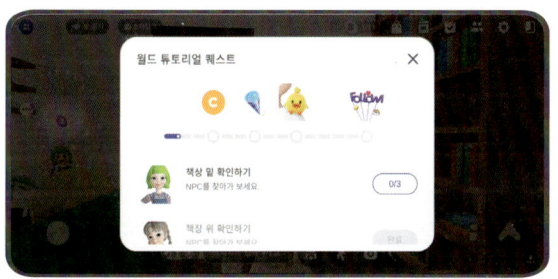

마) 상점에서 쇼핑하기
[장바구니 모양 아이콘]을 누르면 상점으로 이동합니다. 젬과 코인을 이용하여 탈 것, 아이템, 제스쳐, 포즈를 구매할 수 있습니다.

바) 도감 보기

도감은 제페토의 다양한 월드 안에서 물고기를 잡으면 여기에 차곡차곡 목록이 쌓이고 나중에 제페토 코인으로 보상을 받을 수 있는 시스템입니다. 도감은 총 3페이지로 되어있습니다. 아직 잡지 않은 물고기는 그림과 같이 회색으로 표시됩니다. 잡기를 원하는 [물고기 그림]을 누르면 어느 월드에 들어가서 잡을 수 있는지 월드의 이름이 나옵니다. 경우에 따라 미끼가 필요한 경우도 있습니다.

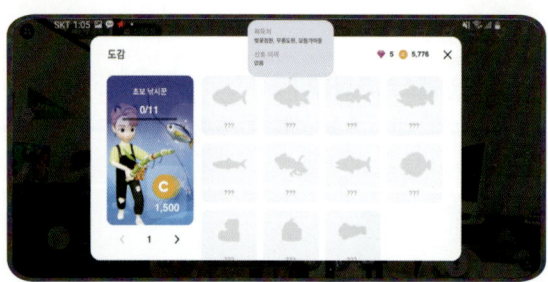

사) 월드 퀘스트 보기

[메모장 모양 아이콘]을 누르면 다양한 월드의 퀘스트를 볼 수 있습니다. 제페토 월드를 더욱 재미있게 즐길 수 있는 방법이라든지 보상을 받을 수 있는 방법들을 볼 수 있습니다.
그러나 이 메뉴에서 바로 퀘스트에 해당하는 월드로 이동하는 것은 불가능합니다. 목록에서 정보를 확인한 후, 현재 월드에서 홈 메뉴로 나가 다시 원하는 월드 퀘스트 내 월드로 입장하는 것이 가능합니다.

아) 친구 목록 보기

[친구 모양 아이콘]을 누르면 나를 팔로워 하는 사용자와 내가 팔로잉 하는 사용자 목록을 볼 수 있습니다. 이들을 현재 입장하고 있는 방에 간편하게 초대하여 월드에서 함께 소통할 수 있습니다.

자) 설정 메뉴 보기

[톱니바퀴 모양의 아이콘]을 누르면 설정 메뉴를 볼 수 있습니다.

음성 듣기, 배경음 듣기, 말풍선 표시, 이름 표시, 방 초대 받기, 아바타가 월드 안에서 바라보는 시점 등의 설정을 할 수 있습니다.

차) 방 나가기

[문이 열린 모양의 아이콘]을 누르면 방을 나갈 수 있는 대화상자가 나옵니다. [나가기]를 누르면 월드에서 나올 수 있습니다.

2) 화면 왼쪽 중간 메뉴

가) 채팅창 보기

화면 왼쪽 중간의 [말풍선 메뉴]를 누르면 채팅창을 볼 수 있습니다. 방에 누가 드나드는지와 대화 내용을 볼 수 있습니다. 만약 채팅창을 숨기고 싶으면 [<] 모양을 누릅니다.

3) 화면 하단 메뉴

가) 가로 세로 모드 전환

[화면 전환 아이콘]을 누르면 화면을 가로 모드나 세로 모드로 변경할 수 있습니다. 월드의 대부분이 기본적으로 가로 모드 설정되어 있습니다. 헬로월드에서는 이 기능을 지원하지 않으며 세로 모드로 전환 가능한 월드에서만 이용이 가능합니다. 기능을 지원하지 않을 때 [화면 전환 아이콘]을 누르면 '지금은 사용할 수 없어요.'라는 안내 문구가 나옵니다.

〈가로모드만 지원하는 경우 세로 모드로 전환 버튼을 놓았을 때〉

〈가로 모드〉

〈세로 모드로 전환한 상태〉

나) 마이크 기능과 메시지 입력창

[마이크 모양 아이콘]을 누르면 마이크 부분이 보라색으로 변하며 활성화 됩니다. 이 기능을 활용하면 방 안의 전체 참가자들을 대상으로 내 음성을 전달할 수 있습니다. 메시지 입력창에는 방 참가자들을 대상으로 문자 대화를 할 수 있습니다. 메시지를 입력하면 화면 왼쪽 중앙의 말풍선 모양 아이콘의 채팅창에 메시지 내용이 입력됩니다.

TIP
일대일로 음성 대화를 하는 것은 불가능합니다. 따라서 개인 프라이버시와 관련된 대화를 할 때는 이용하지 않는 것을 추천합니다.

다) 내 아이템 확인

[가방 모양 아이콘]을 누르면 현재 보유하고 있는 탈 것, 아이템, 놀이 목록들을 확인하고 이용할 수 있습니다. 상점으로 이동하여 원하는 아이템들을 구매할 수도 있습니다.

라) 제스쳐 이용하기

[제스쳐 모양 아이콘]을 누르면 현재 보유하고 있는 제스쳐나 포즈의 목록을 볼 수 있습니다. 이중 원하는 제스쳐나 포즈를 선택하면 아바타가 해당 제스쳐나 포즈를 취하게 됩니다. 제스쳐를 선택하면 캐릭터가 움직입니다. 더욱 다양한 제스쳐나 포즈가 필요하면 상점으로 이동하여 구매하면 추가할 수 있습니다.

〈제스쳐 적용 모습〉   〈포즈 적용 모습〉

마) 사진 찍기

[카메라 모양의 아이콘]을 누르면 아바타가 사진을 찍을 수 있습니다. 원하는 구도를 설정한 후, 오른쪽 중앙의 [하얀색 테두리로 된 원 모양]을 누르면 사진을 찍을 수 있습니다.

찍은 사진을 [피드올리기]를 통해 게시하여 여러 사람들과 함께 공유할 수도 있습니다.

바) 제스쳐, 포즈, 놀이, 아이템 슬롯

화면의 오른쪽 아래를 보면 [점프]버튼 주위로 하얀색 원 모양이 둘러 있는 것을 볼 수 있습니다.

이 원 모양을 누르면 제스쳐, 포즈, 놀이, 아이템 중 원하는 항목을 선택하여 빠른 실행으로 등록할 수 있습니다. 8개의 원 중에 등록을 원하는 원을 선택합니다.

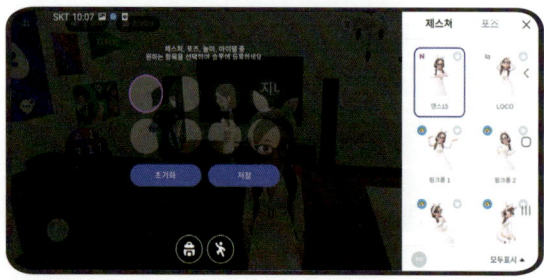

화면 오른쪽에서 등록하고자 하는 항목을 선택하면 원 안에 해당 제스처가 등록된 것을 확인할 수 있습니다. 원하는 내용을 등록한 후 [저장]을 누릅니다.

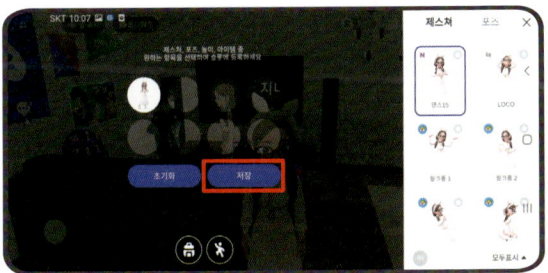

화면 오른쪽에 해당 제츠쳐가 등록된 것을 볼 수 있습니다. 원 모양을 손으로 터치하여 아래로 내리면 숨겨져 있는 내용들도 볼 수 있습니다. 화면에는 슬롯의 일부만 노출되기 때문입니다.

등록된 제스쳐를 누르면 아바타가 그 제스쳐를 하는 것을 볼 수 있습니다.

라. 헬로월드에서 미션 해결하기

1) 미션 수행의 단서를 찾기 위해 'Z' 표시가 된 NPC를 찾아가 [손바닥 모양 아이콘]을 **누릅니다.** 그러면 NPC가 힌트를 줍니다.

2) NPC는 높은 곳에 병아리가 없다고 하였지만 점프해서 의자를 밟고 높은 곳을 살펴 **보았습니다.** 그랬더니 정말 병아리는 없었습니다. 그래서 NPC의 마지막 말대로 동생을 찾아가 물어보기로 하였습니다.

3) NPC의 동생으로 보이는 또 다른 NPC를 찾아가 [손바닥 모양 아이콘]을 눌러보았습니다.

그랬더니 미션을 수행할 수 있게 병아리가 책상 밑에 있다는 힌트를 얻을 수 있었습니다.

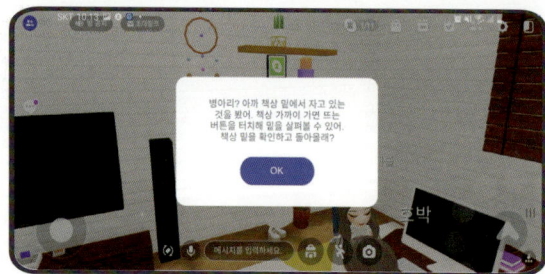

4) 책상 근처에 가자 손바닥 모양의 아이콘이 생겨서 눌러보았습니다.

그랬더니 내 아바타가 책상 밑에 병아리가 숨겨져 있는지 찾기 시작하였습니다.

5) 곧 이어 첫 번째 미션인 책상 밑 확인하기가 성공했다는 팝업창이 나옵니다.

[완료]버튼을 누르면 다시 다음 미션으로 이동합니다. 화면 상단의 [월드 튜토리얼 퀘스트 메뉴]를 눌러도 현재 미션 수행 상황과 이번 미션이 무엇인지 확인이 가능합니다.

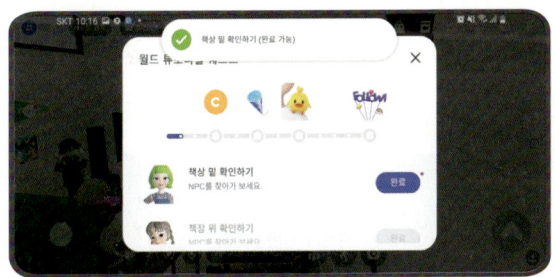

[완료]버튼을 누르면 다음과 같이 미션 완료 메시지가 나옵니다.

미션 완료 메시지에서 [확인]버튼을 누르면 월드 튜토리얼 퀘스트에서 다음 미션을 확인 할 수 있습니다. 다음 미션은 검정색 벙거지 모자와 하얀 마스크를 쓴 NPC를 찾아가 팔로우하는 것입니다.

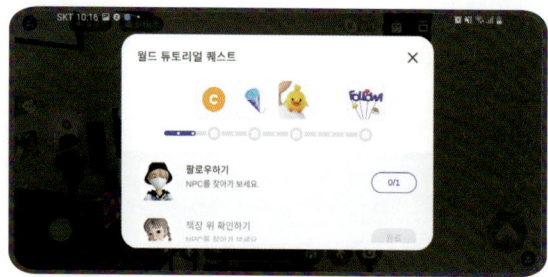

헬로월드는 월드 이용법을 알려주는 목적으로 제페토에서 만든 월드입니다. 첫 번째 미션은 아바타와 상호작용이 가능한 오브젝트에 손바닥 모양 아이콘이 생겼을 경우 이를 잘 활용할 수 있도록 안내해주는 목적으로 만들어졌다고 필자는 생각합니다.

6) 해당 NPC를 찾아간 후 [손바닥 모양 아이콘]을 눌렀습니다.

팔로우를 원하는 메시지가 나오면 [OK]를 누릅니다.

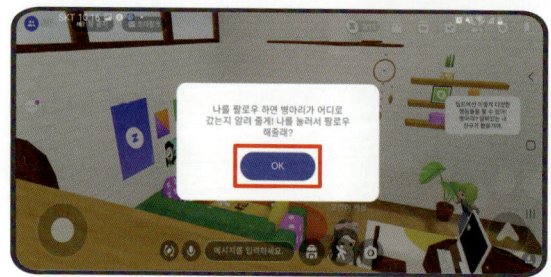

다음과 같은 창이 뜨면 [팔로우]를 누릅니다.

팔로우하기 미션을 완료한 것을 확인할 수 있습니다. 앞에서와 마찬가지로 [완료]를 누릅니다.

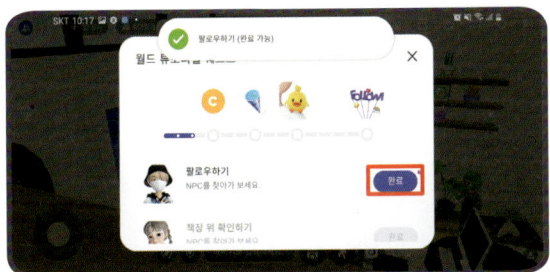

미션 완료창이 나오면 [확인]을 누릅니다.

미션 수행 현황 막대의 색이 한 칸 더 칠해진 것을 볼 수 있습니다.

이번 미션은 팔로우 기능을 이용하여 여러 아바타들과 친구로 교류하는 방법을 연습해보는 것이 목적이라는 것을 알 수 있습니다.

7) 다음 방으로 이동하라는 월드 튜토리얼 퀘스트의 안내에 따라 'Z' 표시가 된 방 문 앞으로 가자 문과 상호작용할 수 있는 화살표 아이콘이 생겼습니다.

문을 열고 들어가면 다음과 같이 다른 방 안으로 들어갈 수 있습니다.

방 안에 들어온 것으로 이번 미션도 완료하였습니다. 다음 미션은 화면과 같이 생긴 아바타를 찾아가 제스쳐를 사용하는 것입니다.

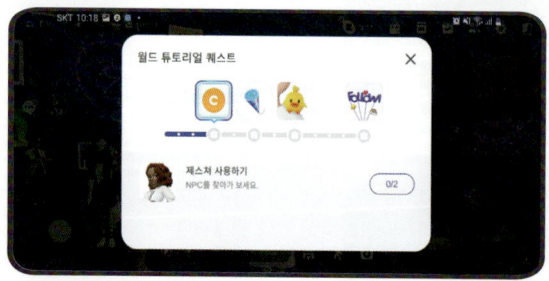

이번 미션은 상호작용 아이콘을 눌러 문을 열고 다른 방으로 이동할 수 있는 기능을 연습해 보는 것이 목적이라는 것을 알 수 있습니다.

8) 다음 미션을 수행하기 위해 해당 NPC를 찾아가 보았습니다.
어렵지 않게 미션을 수행할 NPC를 만날 수 있었습니다.

9) 손바닥 모양 아이콘을 누르자 다음과 같이 '바로 너' 제스쳐를 취하도록 요청하는
문구를 확인할 수 있었습니다. [OK]버튼을 누릅니다.

제스쳐 메뉴에서 [바로 너 제스쳐]를 찾아 누릅니다.

[완료]버튼을 누릅니다.

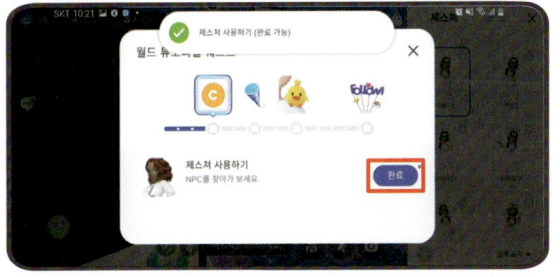

10) 이번 미션은 다음과 같이 생긴 남자 NPC를 찾아가 사진 찍기입니다.

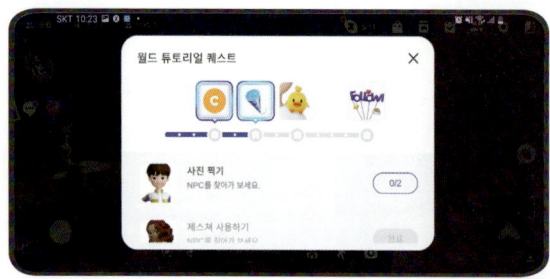

해당 NPC가 재미있는 자세로 서 있었습니다. 사진 찍기를 좋아해서인가 봅니다.

NPC 머리 위의 [손 모양 아이콘]을 누르자 [카메라]버튼을 눌러 사진을 찍어달라는 메시지가 나옵니다. [OK]버튼을 눌러줍니다.

화면 아래의 [카메라]버튼을 누르자 다음과 같이 사진을 찍어달라고 요청한 NPC와 내 아바타의 모습이 함께 사진 프레임 안에 들어옵니다. [이미지 촬영]버튼을 누릅니다.

[촬영]버튼을 누르자 미션을 완료한 것을 확인할 수 있습니다.

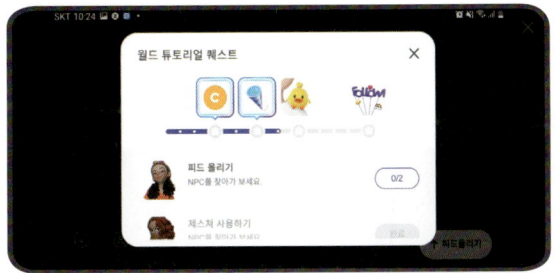

사진을 피드에 올렸습니다.

NPC가 병아리는 문 앞의 친구가 가지고 있다고 위치를 친절하게 알려주었습니다.

11) 이번 미션은 피드 올리기입니다.

제페토 서비스를 이용하면서 피드 올리기로 자신의 게시물을 올리며 제페토 내 친구들과 소통하면 제페토를 더욱 재미있게 즐길 수 있기 때문에 꼭 알면 좋은 기능입니다.

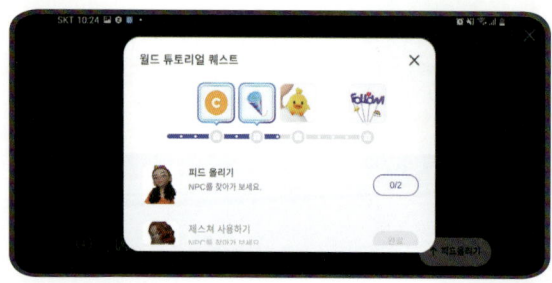

NPC의 말대로 병아리의 위치를 알고 있는 문 앞의 NPC를 찾아갔는데 이번 미션 수행과 관련된 아바타가 있었습니다.

손 모양 아이콘을 누르자 NPC가 병아리를 데리고 있다며 자신과 사진을 찍고 피드를 올리면 병아리를 데려가게 해준다고 하였습니다. [OK]를 누릅니다.

앞의 미션에서 배운대로 화면 아래의 [카메라]버튼을 누른 후 적절한 구도로 선 후 사진을 찍었습니다.

[피드 올리기]를 눌렀습니다.

미션 수행을 완료하였습니다.

12) 이번 미션은 또 다음 방으로 이동하는 것입니다.

문에 다가가자 문을 열 수 있는 상호작용 아이콘이 나왔습니다.

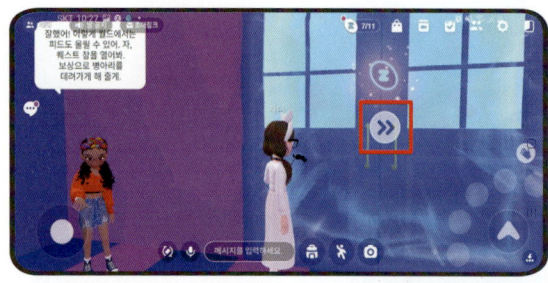

문을 열고 들어가자 밝은 분위기의 방이 나왔습니다.
그리고 맵 섬네일에서 보았던 노란색 옷을 입은 아바타도 볼 수 있었습니다.

가장 가까이에 보이는 NPC를 찾아가 [손 모양 아이콘]을 눌러보았습니다.

이번에는 화면 하단의 가방 모양 메뉴 이용법을 알려주기 위해 폭죽을 사용하도록 하는 미션이 나왔습니다.

지금까지 헬로월드 일부를 체험해보았습니다. 독자 여러분들께서도 앞에서와 마찬가지 방식으로 미션을 하나씩 해결해보고 끝까지 미션을 완수해보시기 바랍니다.

그러면 월드 사용법을 충분히 배울 수 있어서 다른 월드에서 다양하고 재미있는 체험들을 할 수 있을 것입니다.

메타버스 제페토 쉽게 따라하기

Chapter 5

수익창출 with 제페토 스튜디오

1. 제페토 스튜디오 둘러보기
2. 간단한 아이템 만들기
3. 나만의 맵 만들어 월드에 공개하기

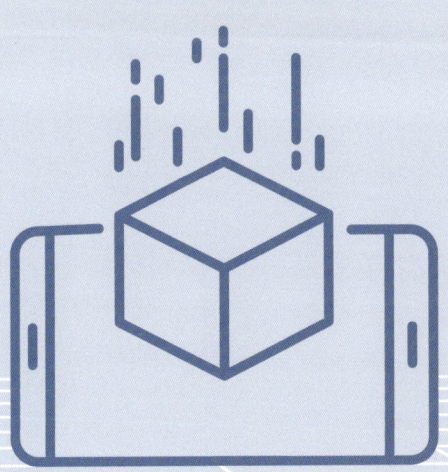

Chapter 5
수익창 with 제페토 스튜디오

1. 제페토 스튜디오 둘러보기

제페토에서 아이템, 맵 등을 만드는 사람들을 제페토 크리에이터라고 부릅니다.
제페토 크리에이터로 활동하기 위해서는 제페토에서 제공하는
제페토 스튜디오라는 사이트를 통해야만 합니다.
제페토 스튜디오를 이용해 무엇을 할 수 있는지 사이트를 함께 둘러보겠습니다.
이 작업은 PC에서 해보겠습니다.

가. 제페토 스튜디오 접속하기

1) **[크롬 브라우저]**를 실행합니다.

2) 검색창에 '**제페토 스튜디오**'라고 입력하여 검색하고 사이트를 클릭합니다.

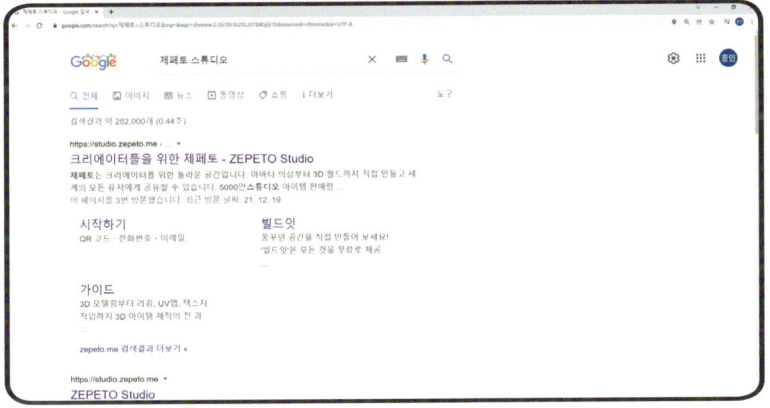

3) 화면 중앙의 **[시작하기]**를 클릭합니다.

4) QR코드 또는 전화번호·이메일 주소를 이용해 **로그인**합니다.

가) QR코드를 이용해 로그인 하는 방법

이 방법은 스마트폰으로 제페토를 실행하는 것이 필요합니다.

① 화면의 QR코드가 나와 있는 것을 확인하고 스마트폰으로 제페토에 접속하여 화면 맨 하단의 사람 모양의 [프로필 메뉴]를 누릅니다.

② 화면 중앙의 맨 오른쪽에 있는 [QR코드 모양의 아이콘]을 누릅니다.

③ 화면 하단의 맨 오른쪽에 있는 [스캔하기]를 누릅니다.

④ 컴퓨터 화면에 나와 있는 QR코드를 스마트폰을 이용하여 스캔합니다.

⑤ 스마트폰 화면에 로그인 할 것을 묻는 내용이 나오면 화면 가운데의 [로그인]버튼을 누르면 컴퓨터 화면의 제페토 스튜디오가 로그인 되어 있는 것을 확인할 수 있습니다.

나) 전화번호·이메일 주소를 이용해 로그인하는 방법

컴퓨터 화면에서 로그인 탭을 '전화번호·이메일'로 전환하고 전화번호나 이메일 주소를 입력한 후 [로그인]버튼을 누릅니다.

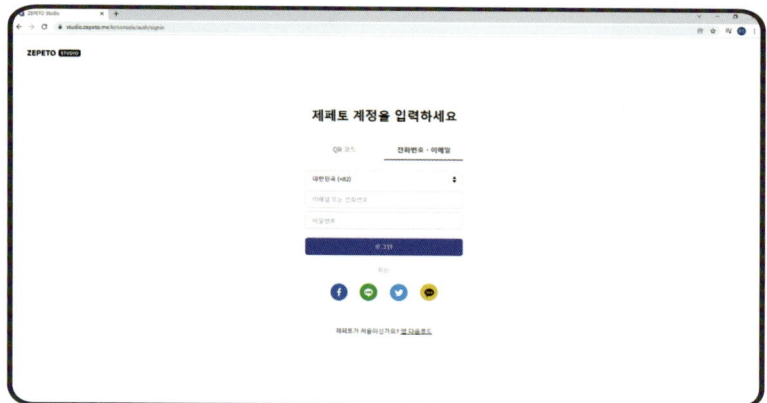

다) 그 외 페이스북, 밴드, 트위터, 카카오톡 계정 등을 활용하여 로그인하는 방법도 있습니다.

자신이 편한 방법을 선택하여 로그인하면 됩니다. 로그인하면 다음과 같은 홈 화면이 나옵니다.

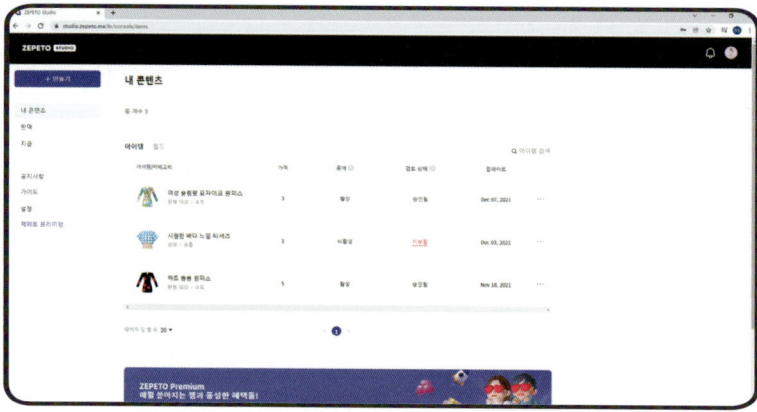

나. 제페토 스튜디오 메뉴 살펴보기

제페토 스튜디오 홈 화면의 왼쪽에 **+만들기, 내 콘텐츠, 판매, 지급, 공지사항, 가이드, 설정, 제페토 프리미엄**의 차례대로 메뉴가 있는 것을 볼 수 있습니다.

한 가지씩 살펴보도록 하겠습니다.

1) +만들기 메뉴

[+만들기 메뉴]를 누르면 그림과 같이 아이템과 월드 중에서 만들고 싶은 컨텐츠를 선택하는 창이 나옵니다. [아이템]을 클릭하면 아바타가 착용할 수 있는 의상, 신발, 악세서리 등을 만들 수 있는 창으로 이동합니다.

[월드 메뉴]를 클릭하면 앞 장에서 체험한 헬로월드와 같은 월드를 만든 것을 등록할 수 있는 창이 나옵니다. 뒤에서 빌드잇이라는 제페토 사이트를 활용해 맵을 만드는 방법을 자세히 배울 예정인데 우리가 빌드잇으로 맵을 만들어 등록한 것도 월드라고 하고 여기에서 등록한 것도 월드라고 하는 것은 같습니다.

그러나 두 가지에는 차이점이 있습니다. 빌드잇을 이용하여 맵을 만들어 등록하는 것은 간편하지만 빌드잇에서 제공해주는 재료들만 가지고 맵을 구현하기 때문에 맵 설계자가 원하는 생각을 제대로 구현하기 어렵다는 단점이 있습니다. 그러나 이번에 새로 나온 '월드 만들기'는 유니티라는 게임 프로그래밍을 활용하기 때문에 맵 설계자가 원하는 다양한 내용을 구현할 수 있다는 장점이 있습니다. 그러나 유니티를 배우려면 컴퓨터 프로그래밍 언어를 따로 배워야하므로 일반인들이 이를 이용해 월드를 만들기에는 다소 무리가 있다는 단점이 있습니다.

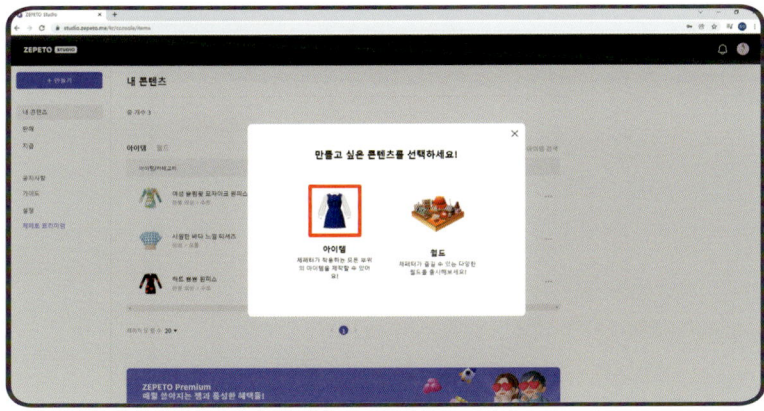

2) 내 콘텐츠

자신이 만든 아이템과 월드를 볼 수 있는 메뉴입니다. 아이템 탭과 월드 탭으로 이루어져 있습니다.

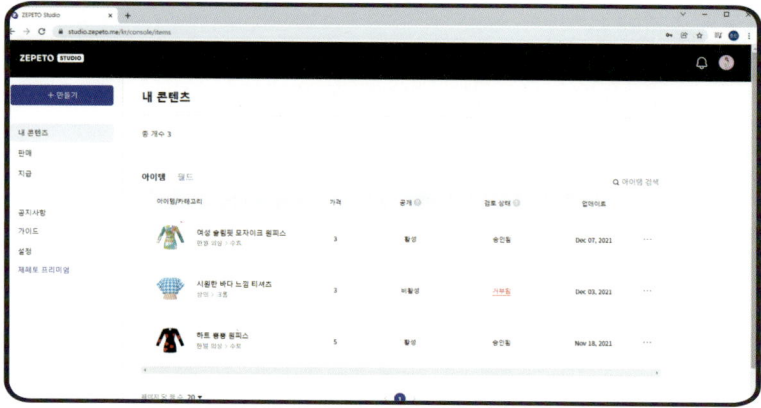

3) 판매

만든 아이템이 판매된 현황 등을 확인할 수 있는 메뉴입니다. 필자는 이번달에는 하트 뿅뿅 원피스를 제작하여 한 벌을 팔았습니다. 5ZEM의 수익을 거두었습니다.

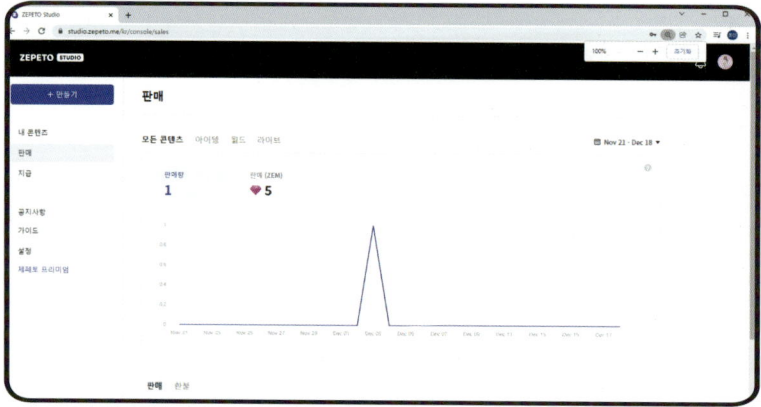

4) 지급

제페토에서 거둔 수익의 지급 내역을 볼 수 있는 메뉴입니다. 수익이 5,000ZEM 이상이 되면 지급 요청이 가능합니다.

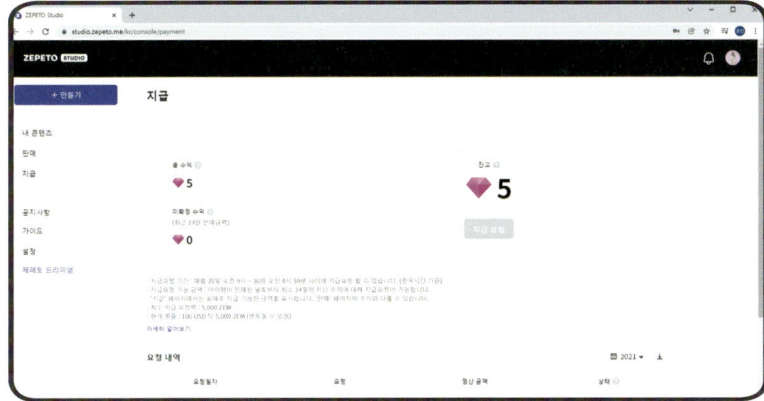

5) 공지사항

제페토 스튜디오의 공지사항을 확인할 수 있습니다.

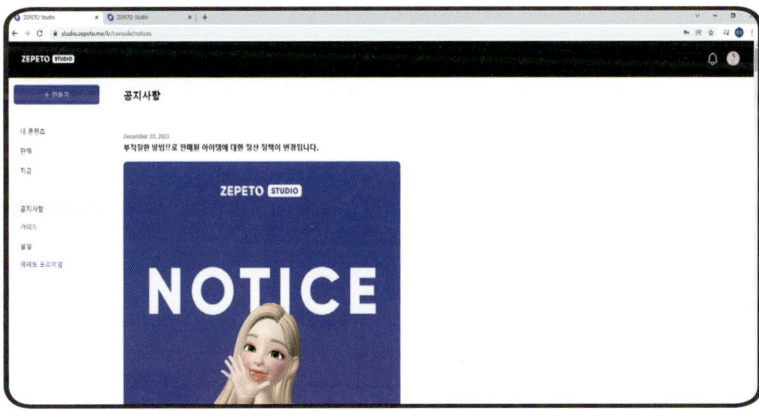

6) 가이드

가이드 메뉴에서는 아이템을 만드는 방법, 월드, 빌드잇 사용 방법, 심사 가이드라인, 수익금 출금하기 등의 가이드 내용을 확인하고 도움을 받을 수 있습니다. 각 항목별로 세부적인 내용들을 확인할 수 있습니다.

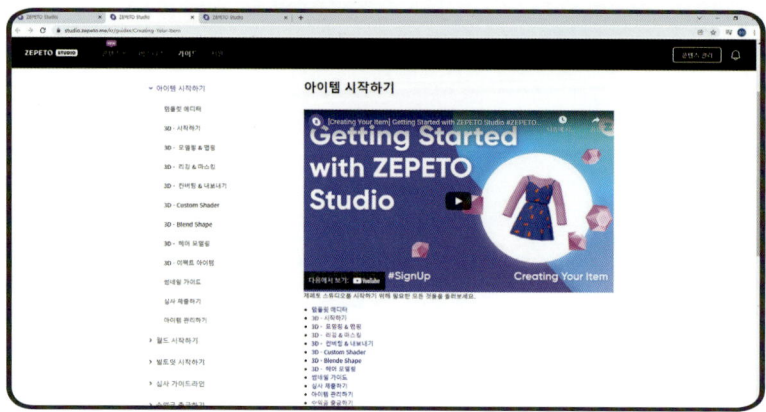

7) 설정

프로필과 지급정보에 관한 내용을 설정할 수 있습니다.

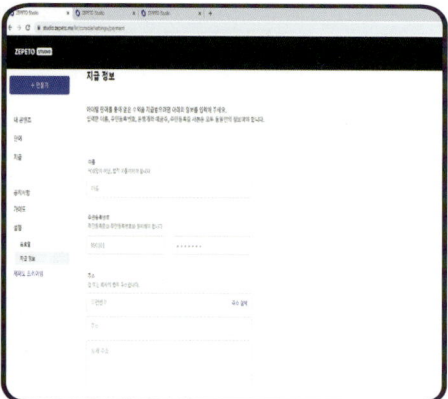

8) 제페토 프리미엄

제페토 프리미엄 서비스에 가입하면 제페토를 좀 더 편리하게 이용할 수 있습니다. [프리미엄 가입하기]를 누르면 제페토 앱에 알림이 갑니다. 앱을 실행하여 프리미엄 가입하기를 진행하면 됩니다.

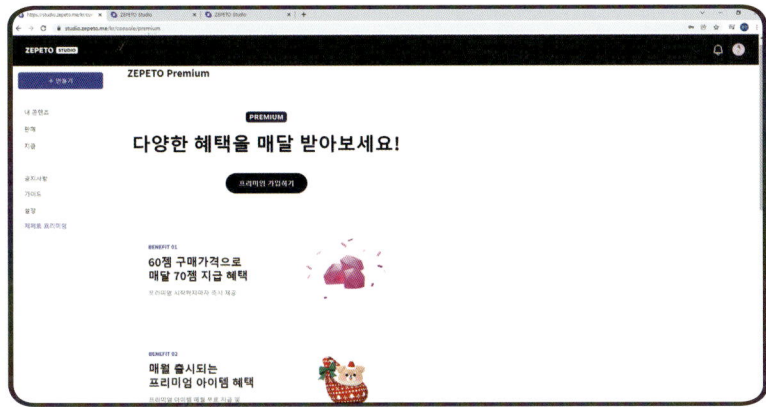

2. 간단한 아이템 만들기

이번 장에서는 제페토의 아이템을 만들어 수익을 창출하는
제페토 크리에이터에 대해서 알아보고,
수익 창출이 가능한 간단한 의상 아이템을 디자인해보도록 하겠습니다.

가. 제페토에서 아이템을 만들어 돈을 벌 수 있다고요?

'제페토 크리에이터' 라는 신조어를 들어본 적 있으신가요? 아니면 가상 의류 디자이너로 누적 아이템 판매량 130만 개를 기록한 렌지(25세)씨의 이야기입니다.

2억명의 가입자를 가지고 있는 네이버 제페토에서 활동하는 크리에이터 렌지(25)씨는 가상세계 속에서 아바타가 입는 옷이나 신발, 헤어스타일 등의 아이템을 디자인하여 판매하는 일을 합니다.

2021년 3월 한달에 거두어들인 수익만 1,500만원이라고 합니다.

〈크리에이터 렌지〉 출처: 이투데이

렌지씨는 2019년 2월 제페토 게임 유저로 처음 제페토를 이용하게 되었다고 합니다. 어렸을 때부터 아바타 게임을 좋아해서 자기만의 공간과 아바타를 꾸미는 '퍼피레드' 게임을 즐겨 했습니다.

제페토에서는 아바타로 활동하다 보니 옷 입히기나 꾸미기에 관심이 많아졌습니다. 그때 제페토 스튜디오 서비스가 출시되었습니다. 렌지씨는 제페토 스튜디오에서 그동안 아바타에게 입혀보고 싶었던 옷과 아이템을 직접 만들어보기 시작했습니다. 그렇게 우연한 계기로 제페토 크리에이터를 직업으로 갖게 되었습니다.

제페토는 해외에서 접속하는 이용자가 전체 이용자의 90퍼센트를 차지합니다. 이것은 제페토 안에서 유명해지면 세계적으로 인지도를 쌓는 것이 가능하다는 의미입니다. 렌지씨는 독특한 의상을 많이 만들면서 글로벌 스타가 되었습니다. 현재는 10개월 만에 아바타 옷 100만 개를 만든 디자이너로 유명세를 떨치고 있습니다.

인어, 날개, 거북이 등 독특한 의상들을 많이 제작한 렌지씨는 친구들과 대화를 통해 의상 제작에 관한 아이디어를 주로 얻는다고 합니다.

아바타 의상은 계절의 영향을 많이 받습니다. 여름에 반팔이나 민소매 디자인이 유행한다고 합니다. 수익 창출을 위해서는 이러한 유행을 잘 파악하는 것이 중요합니다.

렌지씨가 아이템 제작에 걸리는 시간은 간단한 옷을 만들면 2~4시간 정도이지 조금 더 복잡한 디자인의 옷을 만들면 하루에 4~6시간씩 작업해서 2~3일 정도까지 걸린다고 합니다.

아이템은 작년에 아이템 한 개당 평균 22원~24원에 거래가 이루어졌습니다. 지금은 개당 300원~350원 사이에서 판매되고 있습니다.

렌지씨는 제페토 내 소속사 '매니지먼트 오'를 운영하며 크리에이터 양성에도 힘을 쓰고 있습니다.

렌지씨의 앞으로의 꿈은 현재 운영하는 매니지먼트를 통해 크리에이터를 양성하고 각본부터 연출까지 제대로 된 제페토 드라마를 만드는 것이라고 합니다.

나. 10분 만에 아이템 따라 만들기

제페토에서는 모두가 아이템의 소비자이면서 생산자가 되는 것이 가능합니다. 여러분도 간단한 아이템을 만들어 판매 해볼 수도 있습니다. 여기에서는 제페토에서 제공하는 2D 템플릿에 간단한 무늬를 입혀서 **의상을 제작하는 방법**을 알아보겠습니다. 어렵지 않으니 여러분들도 도전해보세요!

의상에 들어갈 디자인 이미지는 '**미리캔버스**'라는 사이트의 디자인을 활용하도록 하겠습니다. 이제 하나씩 차근차근 알아보도록 하겠습니다. 한 단계씩 차례대로 따라해 보세요.

1) 아바타 의상 만들기

① [만들기+]를 누르고 [아이템]을 클릭합니다.

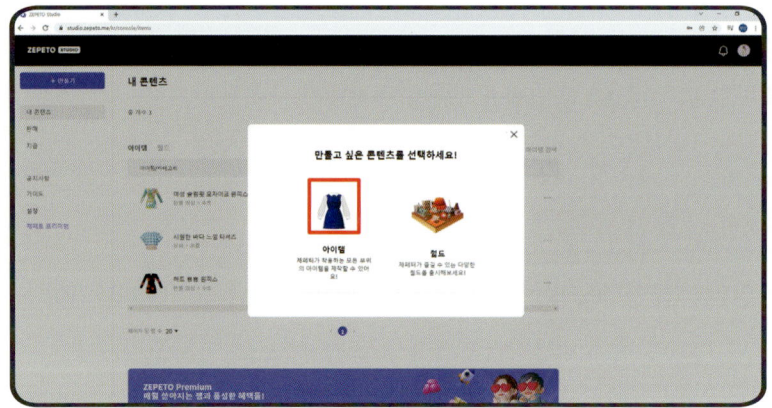

② 가이드 내용을 확인하여 의상 만들기 방법을 참고합니다.

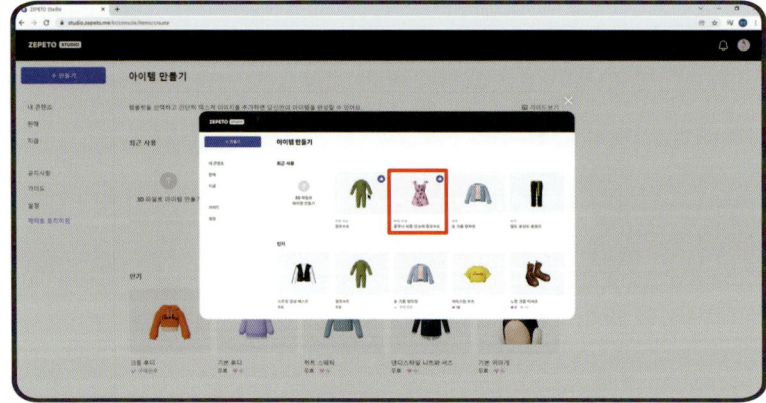

③ 제페토에서 템플릿을 제공하는 아이템들이 보입니다. 여기서 템플릿이란 의상을 디자인 할 수 있도록 의상을 전개도처럼 펼쳐 놓은 내용을 의미합니다. 이 템플릿 위에 무늬 패턴을 넣어볼 것입니다.

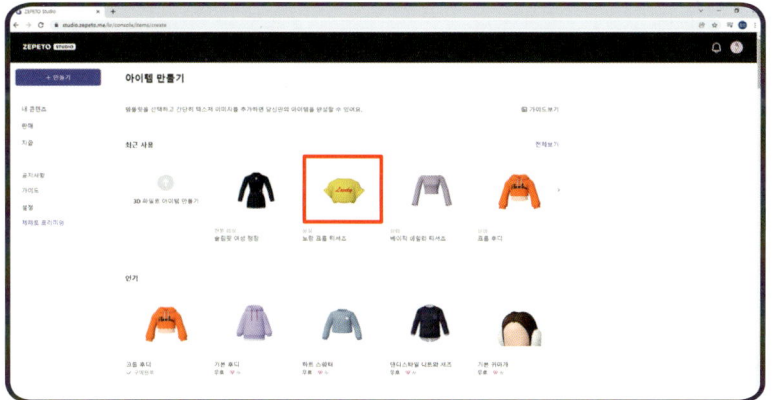

스크롤을 내리면 마스크, 양말, 엑세서리 등 템플릿을 제공하는 다양한 아이템 종류를 더 많이 확인할 수 있습니다. [더 보기]를 누르면 좀 더 많은 아이템을 볼 수 있습니다.

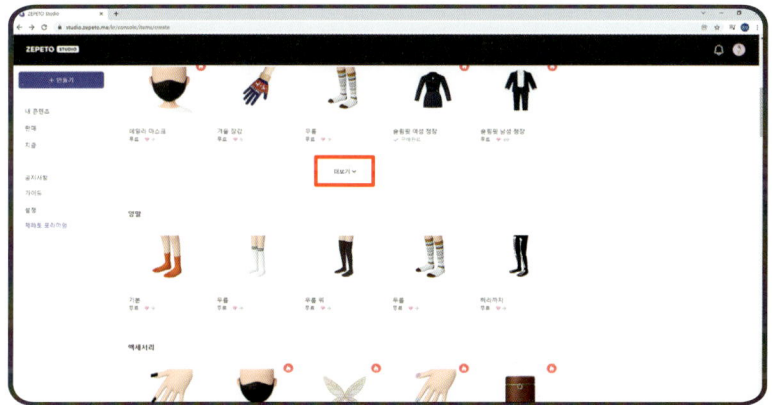

④ 아이템 만들기 가장 첫 부분에 있었던 '하트 스웨터'를 선택하여 디자인해보겠습니다.
하트 스웨터를 선택하면 다음과 같이 템플릿 에디터 화면이 나옵니다.

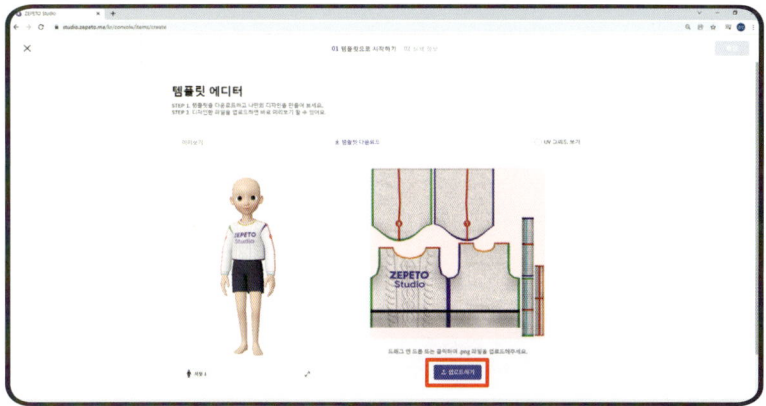

Chapter 5. **수익창출 with 제페토 스튜디오** 139

템플릿 그림 위에 있는 [템플릿 다운로드]를 눌러 템플릿을 다운로드합니다.

⑤ 템플릿을 다운로드하여 압축을 풀면 다음과 같이 세 가지 파일이 생깁니다.

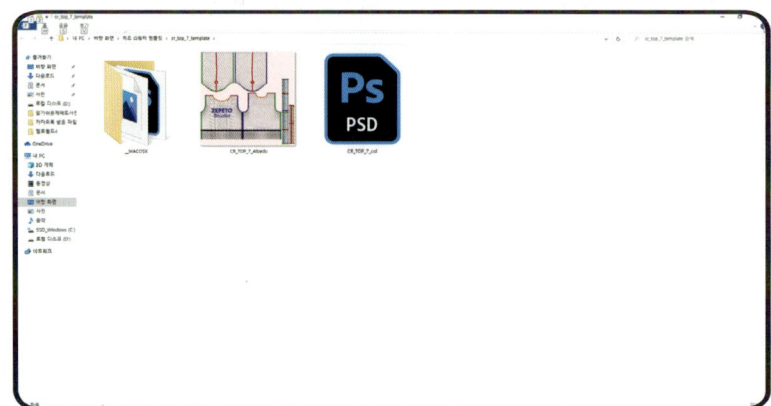

컴퓨터 운영체제로 Mac 사용자는 _MACOSX폴더 안에 있는 파일을 이용하면 됩니다. 윈도우 사용자는 나머지 파일 2가지를 이용하면 됩니다. 가운에 있는 파일은 PNG 이미지 파일, 세 번째 있는 파일은 PSD 파일입니다.

우리는 미리캔버스를 이용하여 디자인할 것이기 때문에 PNG파일을 이용하도록 하겠습니다. 포토샵을 이용하여 아이템을 디자인할 때는 PSD파일을 이용합니다.

⑥ 이제 미리캔버스에 접속해보겠습니다. 검색 창에 '미리캔버스'를 입력하여 사이트를 검색합니다. 그리고 화면 왼쪽 상단의 5초 회원 가입하기를 이용해 회원 가입을 진행하고 로그인을 해줍니다.

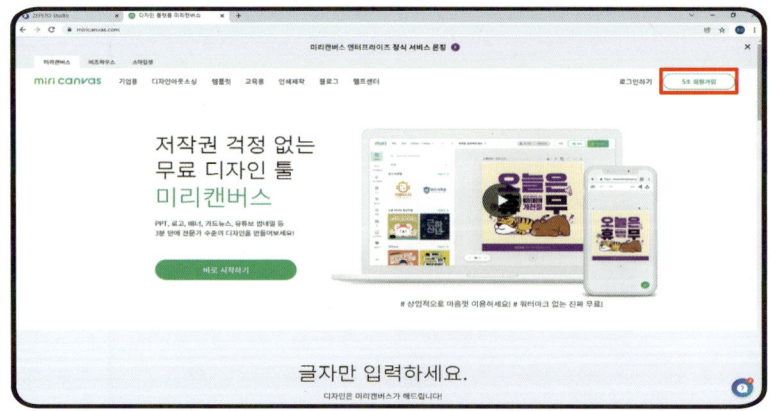

140 메타버스 제페토 쉽게 따라하기

⑦ 화면 오른쪽 맨 위의 [디자인 만들기]를 클릭하고 [직접 입력]을 선택합니다. 기본 값이 1080 × 1080px로 설정되어 있는 것을 확인할 수 있습니다.

우리가 다운받은 템플릿이 제대로 디자인 되기 위한 최대 사이즈는 512 × 512px입니다. 따라서 각 네모 칸의 숫자를 512이하로 바꾸어줘야 합니다.

최대 사이즈로 하는 것이 그래픽 질 측면에서 유리하므로 최대 사이즈인 512 × 512px로 설정하도록 하겠습니다. 숫자를 바꾸어주고 아래에 있는 [새 디자인 만들기]를 클릭합니다.

⑧ 제페토 스튜디오에서 다운로드 받은 템플릿을 업로드 하기 위하여 화면 왼쪽의 업로드 탭을 눌러줍니다. 그리고 화면 상단의 [내 파일 업로드]를 클릭합니다.

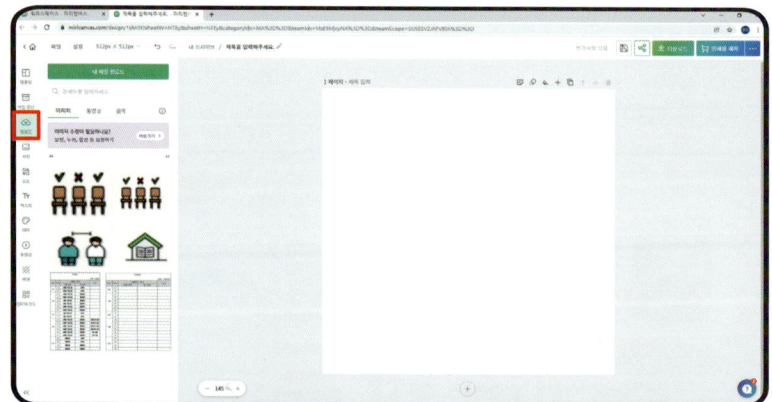

⑨ 좀 전에 다운로드한 파일 중 PNG파일을 선택하여 [열기]를 누릅니다. 파일 정보를 보면 사진 크기가 512 × 512px로 되어있는 것을 확인할 수 있습니다.

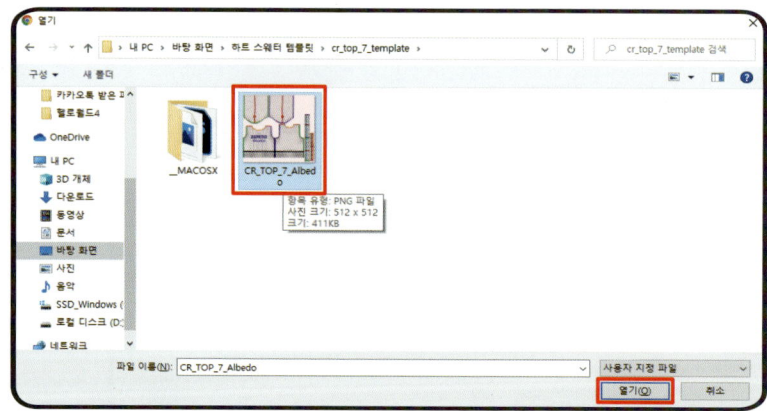

화면 왼쪽에 업로드한 템플릿의 모습이 보이는 것을 확인할 수 있습니다. 제페토에서는 png 파일 형식을 이용하므로 psd 파일은 파일 열기 화면에 표시되지 않습니다.

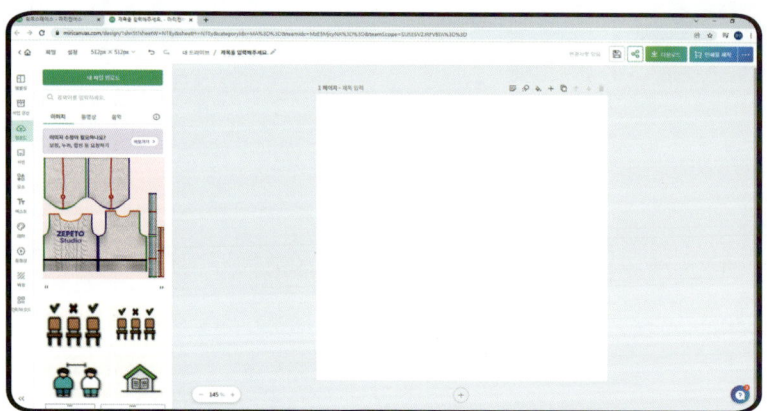

⑩ 왼쪽에 있는 템플릿 이미지를 오른쪽의 작업 창으로 드래그하여 가지고 옵니다.

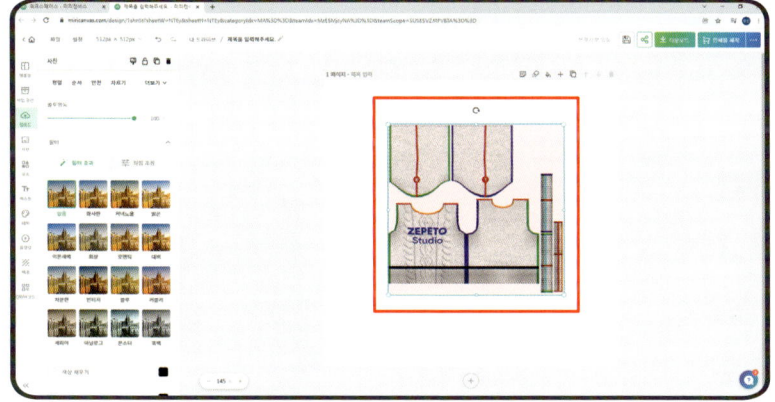

⑪ 디자인하기 편하도록 템플릿 이미지의 크기를 작업 창에 꽉 차도록 조절해줍니다. 크기 조절 방법은 두 가지가 있습니다. 첫 번째 방법은 템플릿 이미지를 마우스 오른쪽 버튼을 눌러주면 나오는 맨 마지막 [배경으로 만들기 메뉴] 를 눌러주는 방법입니다. 두 번째 방법은 사각형 그림의 각 모서리와 각 변의 중간 지점에 있는 동그란 부분을 마우스로 클릭하고 드래그해서 정리해주면 조절이 가능합니다.

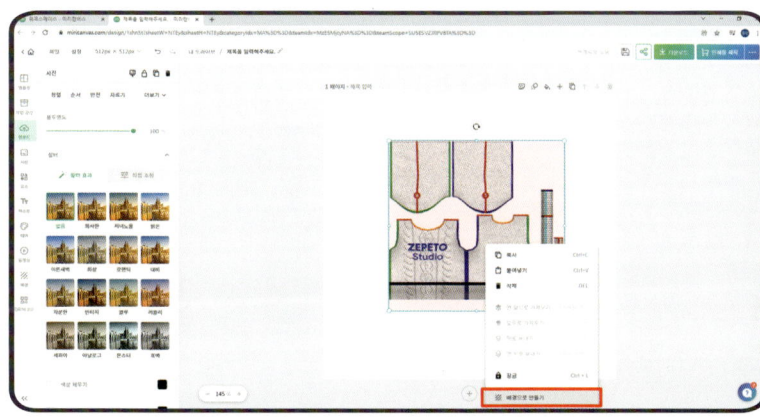

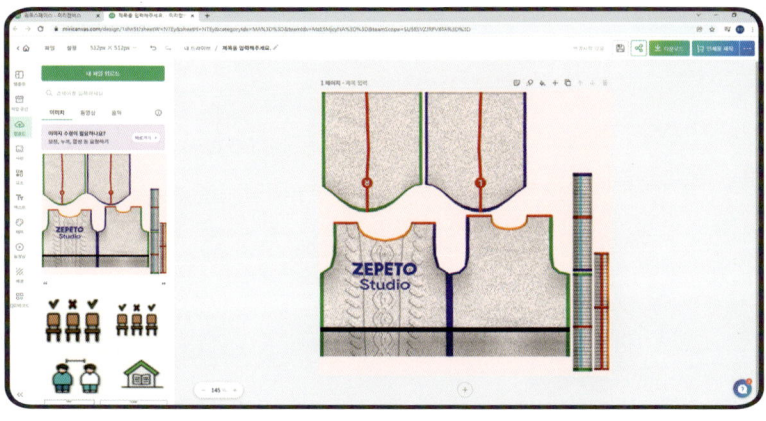

㉒ 이제 템플릿에 원하는 디자인을 넣기 위해 화면 왼쪽의 [요소]탭을 누릅니다.
그러면 다양한 디자인 항목을 선택할 수 있습니다.

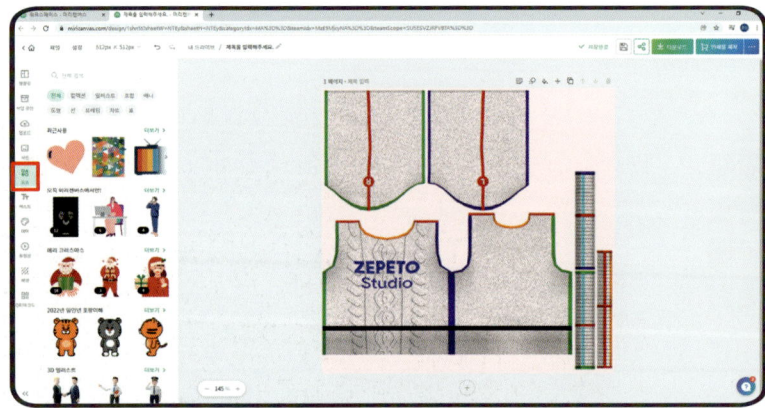

㉓ 원하는 디자인을 선택하여 클릭하면 템플릿 위에 디자인이 나타난 것을 볼 수 있습니다.
저는 마카롱 무늬의 디자인을 선택해 보았습니다.

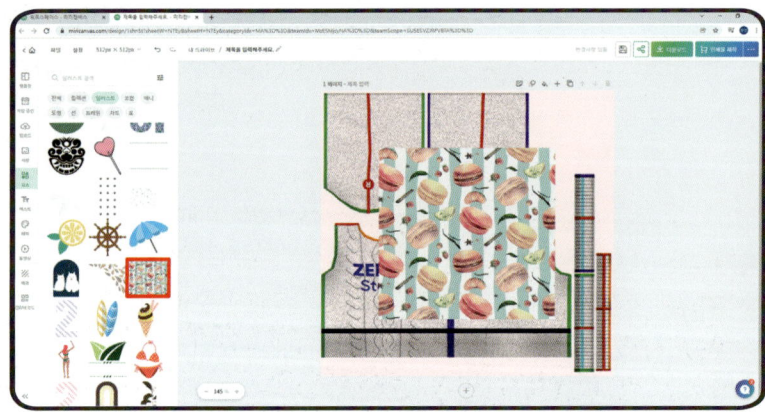

⑭ 디자인 크기도 템플릿처럼 512 × 512px로 만들어줍니다.

그런데 이때는 반드시 디자인을 클릭하여 나오는 동그란 모양을 마우스로 드래그하여 크기를 조절해 주어야 합니다. 마우스 오른쪽 버튼을 클릭하여 배경으로 지정하면 기존에 배경으로 되어 있던 템플릿 파일이 삭제되어 의상 디자인을 진행 할 수 없기 때문입니다.

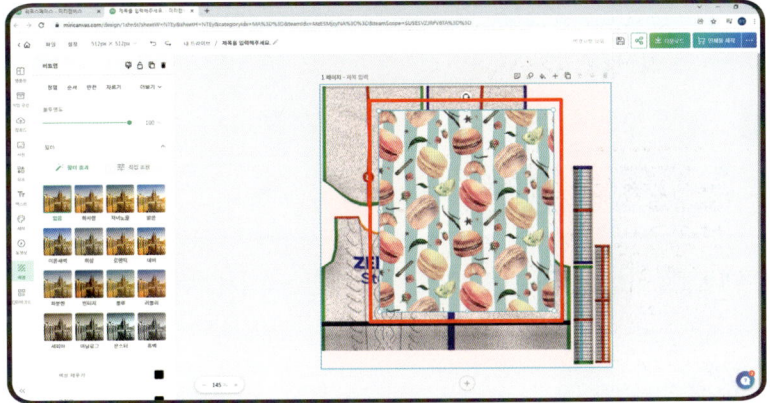

다음과 같이 디자인 크기도 512 × 512px로 만들어 줍니다.

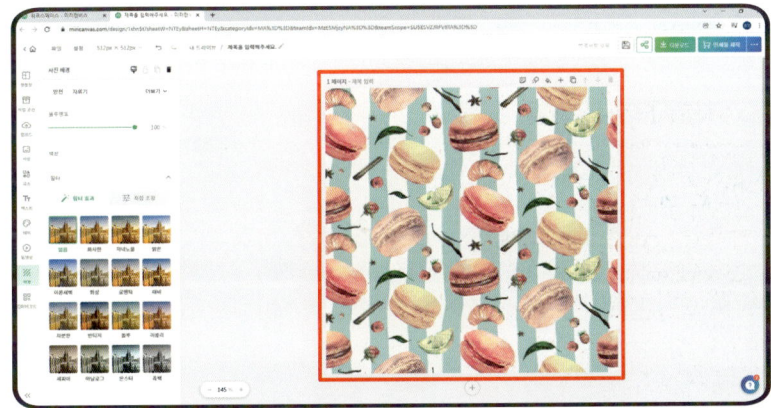

화면 왼쪽의 [배경]탭을 누르면 더욱 다양한 무늬를 찾을 수 있습니다.

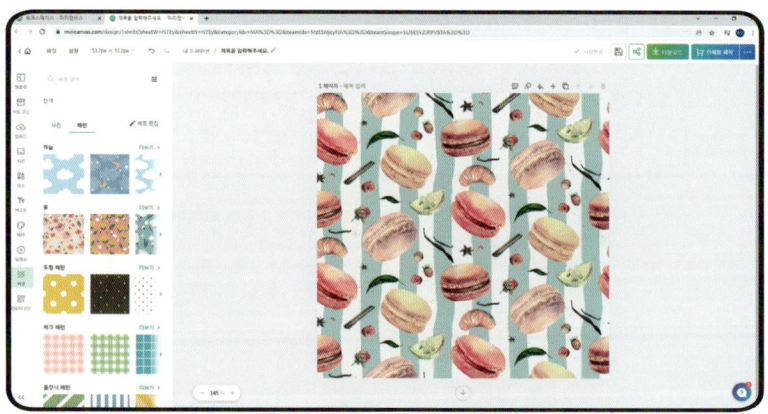

지금은 의상 위에 넣을 무늬 디자인을 한 가지로 작업했지만 2~3가지 이상의 디자인을 함께 넣어서 작업할 수도 있습니다.

⑮ **이번에는 템플릿 위에 글자를 넣어보겠습니다.**
의상 템플릿 위를 무늬 디자인이 모두 덮어버렸기 때문에 어느 위치에 글자를 넣어야하는지 잘 모르기 때문에 무늬 디자인의 투명도를 조절해서 아래에 있는 템플릿이 보이도록 해보겠습니다. 무늬 디자인을 누르면 화면 왼쪽에 불투명도 조절 바가 나옵니다. 불투명도를 낮추어줍니다.

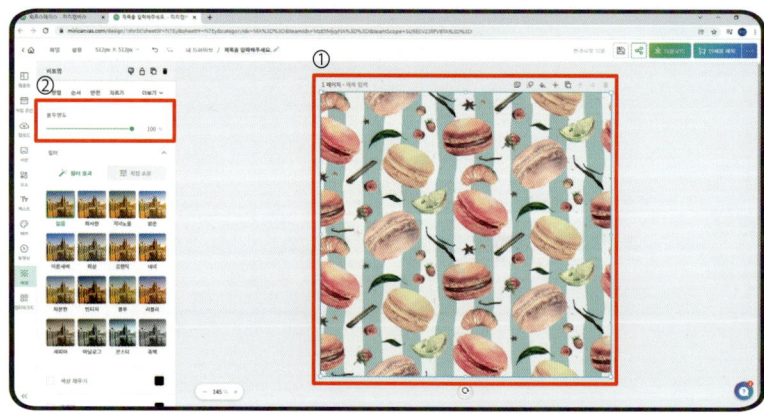

⑯ 불투명도를 50%로 낮추어보았습니다.
디자인 아래에 의상 템플릿의 윤곽이 잘 보이는 것을 확인할 수 있습니다.

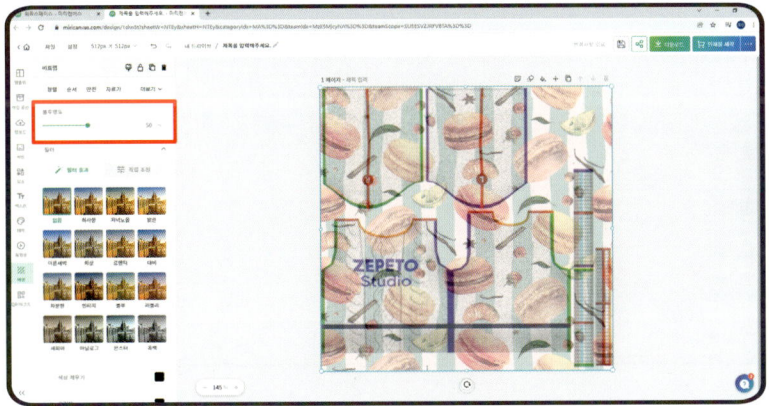

⑰ 화면 왼쪽의 텍스트 탭을 누르고 원하는 글씨체를 선택합니다.

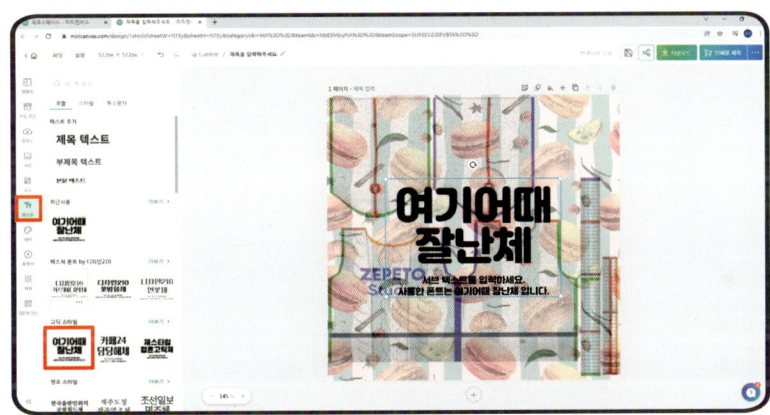

⑱ 글자 편집 창의 메뉴를 활용해 글자색, 크기 등을 편집해줍니다

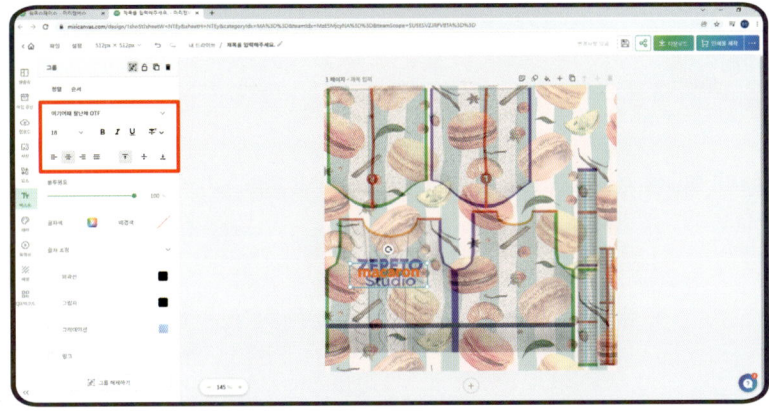

불투명도를 다시 100%로 설정한 후 디자인한 글자가 무늬 색과 잘 어울리는지 확인합니다.

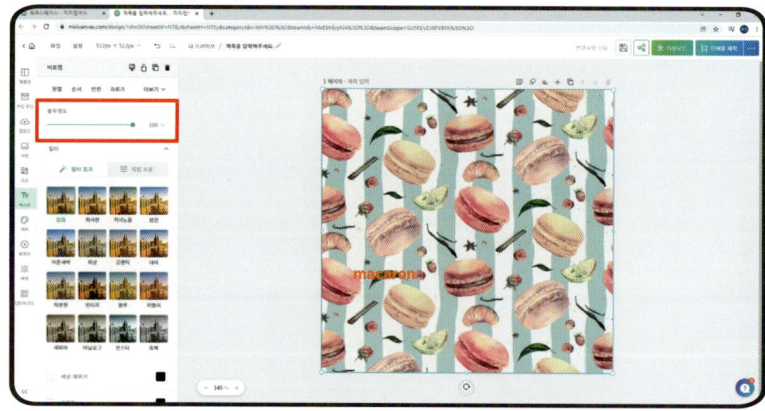

㉙ 완성된 디자인을 다운로드해주겠습니다.
화면 오른쪽 위의 다운로드를 누르고 파일 형식을 PNG로 지정한 후 다운로드해줍니다.

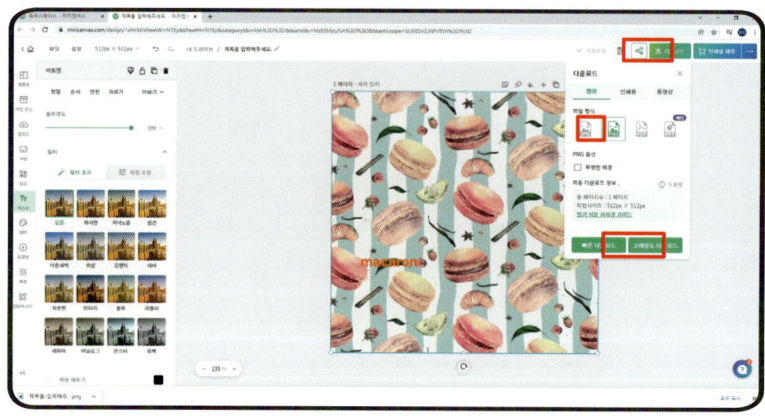

간혹 디자인 파일이 어디에 저장되어있는지 잘 찾지 못하는 경우가 있습니다. 미리캔버스 디자인은 C드라이브의 '다운로드' 폴더에 저장됩니다.

⑳ **다시 제페토 스튜디오 창으로 돌아옵니다.**

화면 오른쪽 하단의 [업로드하기]를 눌러 좀 전에 미리캔버스에서 완성한 디자인을 업로드해줍니다. 그러면 왼쪽의 아바타가 내가 디자인한 의상을 입은 모습을 미리보기로 볼 수 있습니다.

우측 상단의 [UV 그리드 보기 체크박스]를 클릭하면 의상 전개도를 볼 수 있습니다. 아이템이 잘 만들어졌는지 확인했으면 오른쪽 상단의 [확인]버튼을 누릅니다.

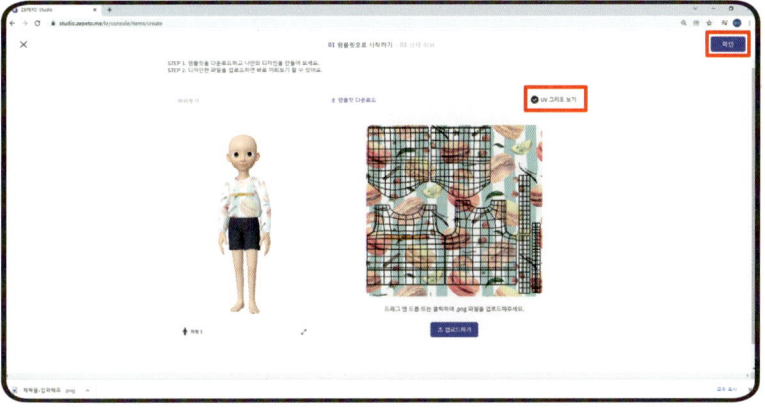

이름, 태그, 가격 등 아이템 상세 정보를 입력해 준 후 [저장]을 누릅니다.

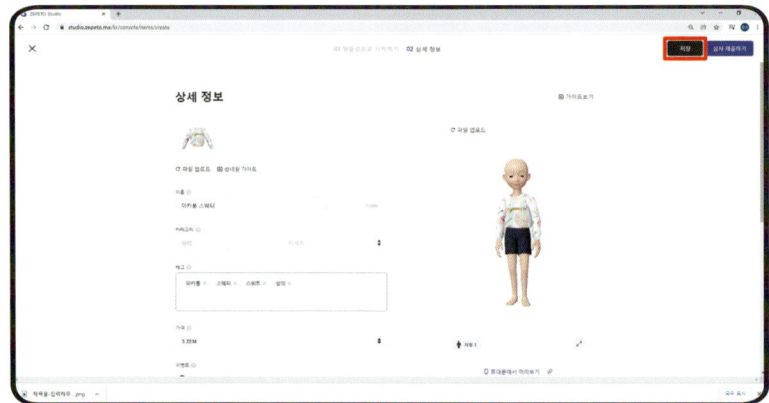

[저장]을 누르면 제페토 앱에서 내 아바타가 의상을 입은 모습을 미리보기로 확인해 볼 수 있습니다. 화면 하단의 [휴대폰에서 미리보기]를 누르면 제페토 앱에 알림이 갑니다.
미리보기를 확인하려면 먼저 스마트폰의 제페토 앱에 접속하고 오른쪽 상단 위의 [종 모양 아이콘]을 누릅니다.

상단에 있는 아이템 미리보기로 이동하는 메시지를 누릅니다. 그러면 다음과 같이 내 아바타가 방금 만든 의상을 착용한 기본 제스쳐가 나옵니다. 화면 아래의 번호를 바꾸어주면 제스쳐를 변경하여 내가 만든 의상을 꼼꼼이 점검할 수 있습니다.

아이템을 확인한 후 수정할 내용이 없으면 다시 컴퓨터의 제페토 스튜디오로 돌아와 우측 상단의 [심사 제출하기]를 누릅니다. 심사 가이드라인을 꼼꼼이 확인한 후 심사 가이드라인을 확인하였다는 체크박스에 체크를 하고 [심사 제출하기]를 클릭합니다.

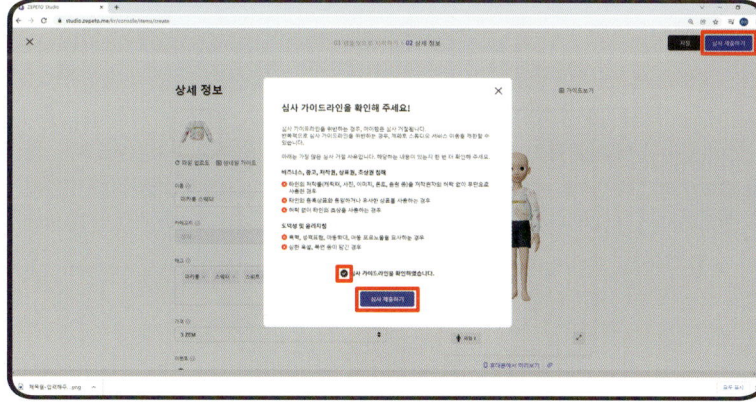

제페토 스튜디오의 내 콘텐츠 메뉴에서 방금 제출한 아이템의 검토 상태를 확인할 수 있습니다. 심사는 최대 2주일 정도 소요됩니다.

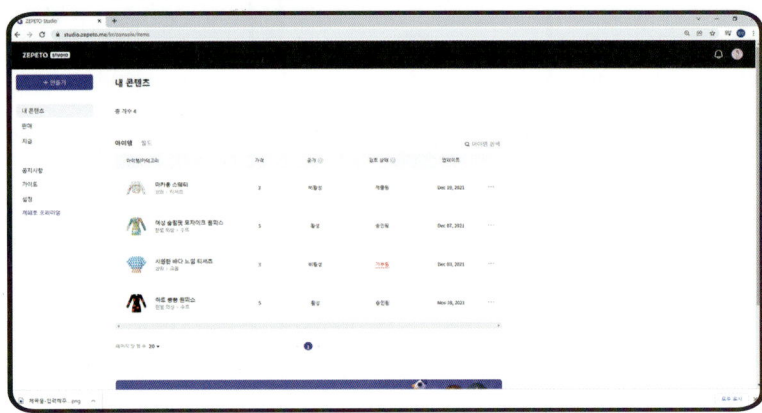

좀 더 정교한 아이템 디자인을 원한다면? 3D 모델러가 되보자!
2D로 아이템을 디자인하는 방법은 이미 제작되어 있는 템플릿을 다운받아 아이템을 제작하는 방식이기 때문에 내가 원하는 스타일의 아이템을 제작하는데 제약이 따릅니다. 3D 모델링이 가능한 마야, 블랜더와 같은 프로그램을 활용하면 내가 원하는데로 템플릿을 만들어 그 위에 자유로운 디자인이 가능하다는 장점이 있습니다. 하지만 마야나 블랜더와 같은 프로그램은 전문가들이 이용하는 프로그램이라 독학으로 공부하는데는 한계가 있고, 내용도 많이 어려워 초보자들에게 적합하지 않다는 단점이 있습니다. 하지만 요즘 아이템 디자인이 활성화 되어 유튜브와 전문 교육기관의 원격과 오프라인 강의가 많이 개설되고 있으니 한번 도전해보시기 바랍니다.
참고로 마야를 배우는 것이 좀 더 어렵다고 하지만 관련 직종에 취업할 때는 블랜더에 비해 마야를 범용으로 사용하는 기업들이 많다고 합니다. 그러나 취미로 3D모델링에 도전하는 경우에는 블랜더를 배우는 것이 좀 더 나을 수도 있습니다. 한글 버전이 지원되기 때문에 프로그램 이용 방법을 좀더 직관적으로 이해하기 쉽기 때문입니다.

3. 나만의 맵 만들어 월드에 공개하기

이번 절에서는 제페토 스튜디오에서 제공하는 '빌드잇' 툴을 활용하여 나만의 맵을 설계해보고 심사를 제출하여 제페토에서 이용할 수 있는 월드를 만들어보겠습니다.

가. 대신 맵을 만들어 주고 돈을 벌 수 있다고요?

월드(맵) 크리에이터는 제페토에서 아바타가 활동하는 공간인 월드를 설계하고 제작하는 일을 하는 사람을 말합니다. 제페토에서는 이용자가 직접 월드를 제작할 수 있는 '빌드잇' 프로그램을 제공합니다.

최근에 제페토 내에서 마케팅이나 행사들이 활발히 진행되면서 월드 제작 대행업체에 대한 수요가 늘어나고 있습니다.

대표적인 프리랜서 마켓인 크몽에 접속하여 '제페토'로 검색해보면 월드 제작을 대행해주는 업체들의 목록을 확인할 수 있습니다.

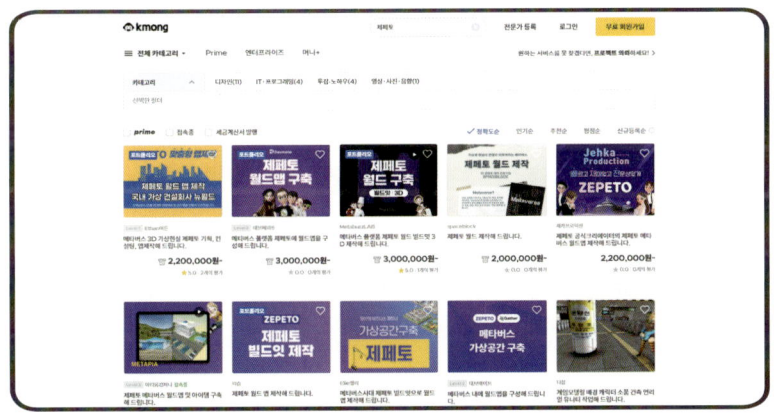

크몽에서 '제페토'로 검색하면 나오는 월드 크리에이터 업체들의 목록
※ 출처: 크몽 kmong.com

월드 크리에이터는 고객들이 구현하기 원하는 월드 내 건물 실내 공간, 외관, 조경 등을 설계해주는 일을 합니다.

최근에는 전문적으로 월드 크리에이터를 교육하는 기관들도 하나 둘 생겨나고 있습니다. 앞으로 제페토 월드 크리에이터들과 그에 대한 수요는 꾸준히 늘어날 것입니다.

나. 빌드잇 사용법 알아보기

나만의 월드를 만들기 위한 빌드잇 사용법에 대하여 하나씩 알아보도록 하겠습니다.

1) 빌드잇 설치 및 로그인하기

빌드잇은 제페토 스튜디오 사이트에서 직접 사용이 가능하지 않고 PC에 빌드잇 프로그램을 설치해야 합니다. 빌드잇을 설치하고 로그인하는 방법에 대해 알아보도록 하겠습니다.

가) 빌드잇 설치하기

① 크롬을 실행하고 검색창에 [제페토 스튜디오]를 입력해 검색한 후, [빌드잇]을 클릭합니다.

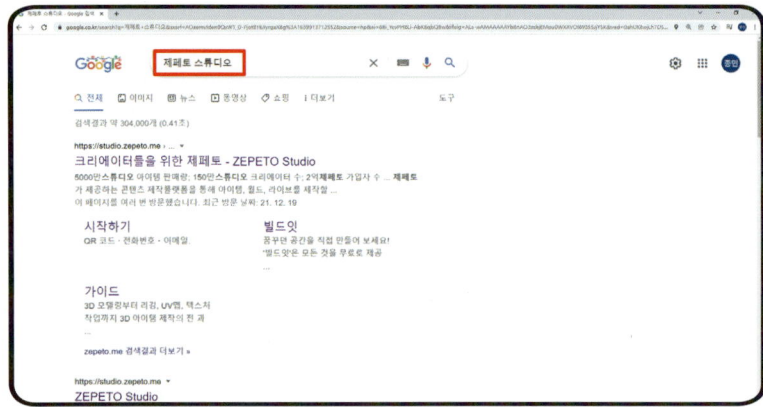

② 하단의 'check it!'을 눌러 권장사양을 확인한 후, 운영체제에 맞는 항목을 눌러 빌드잇을 설치합니다.

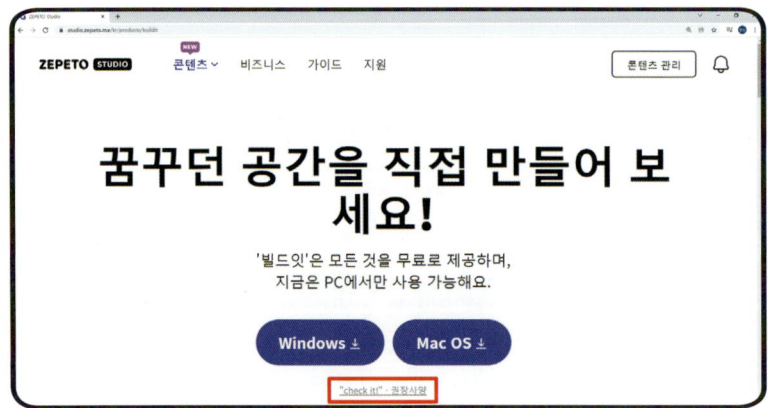

빌드잇을 실행하기 위한 권장사양은 다음과 같습니다.

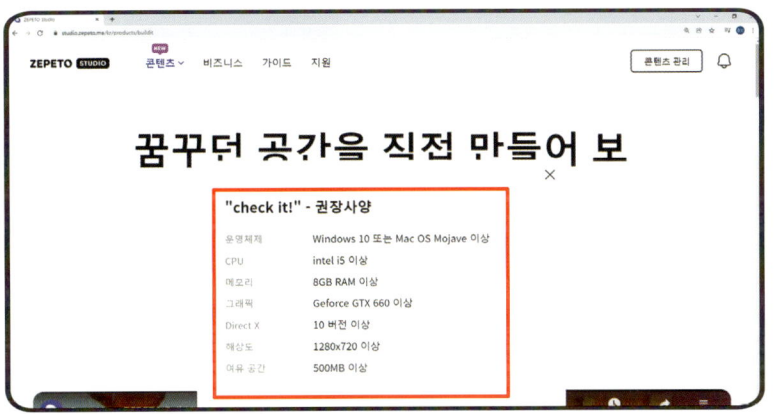

③ 빌드잇 파일 설치를 시작하면 화면 왼쪽 아래에 파일 이름이 나타납니다.
다운로드가 완료되면 파일을 눌러 실행합니다.

④ 파일 [실행]버튼을 눌러 파일을 실행합니다.

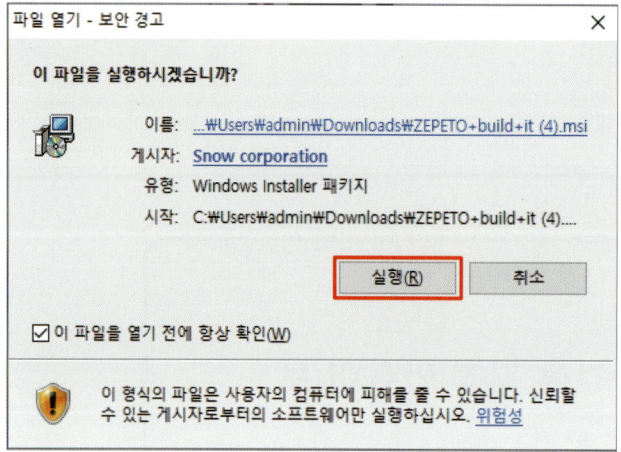

⑤ 설치 마법사의 안내에 따라 설치를 진행합니다.

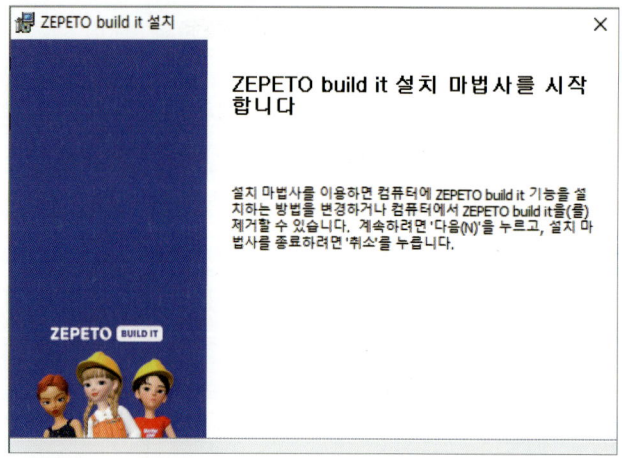

나) 빌드잇 로그인 하기

빌드잇을 실행하면 다음과 같이 로그인을 하는 창이 나옵니다. 로그인 방법은 제페토 스튜디오 로그인 하는 방법과 동일합니다.

① 계정 로그인

계정 로그인 방법을 선택할 경우에는 휴대폰 번호나 이메일을 입력하고 비밀번호를 누른 후 [완료] 버튼을 누릅니다. 또는 페이스북, 밴드, 트위터, 카톡 계정을 이용한 로그인 방법도 있습니다.

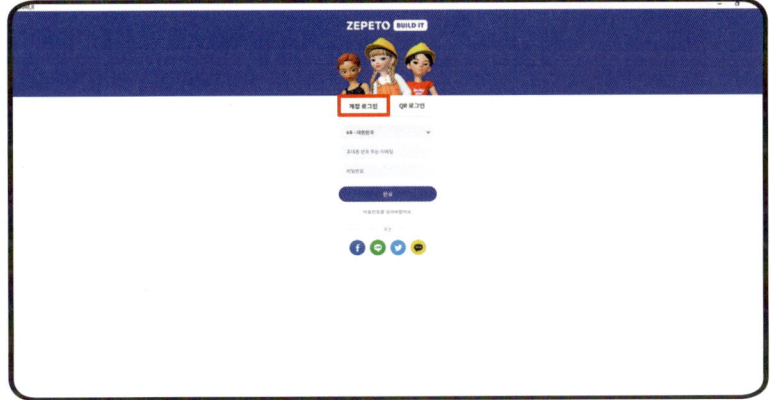

② QR로그인

- 스마트폰으로 제페토 앱을 실행한 후, 프로필 메뉴에서 [QR코드 모양 아이콘(내 코드)]을 선택한 후 스캔하기를 눌러 컴퓨터 화면의 QR코드를 스캔하는 방법으로 로그인 할 수 있습니다.

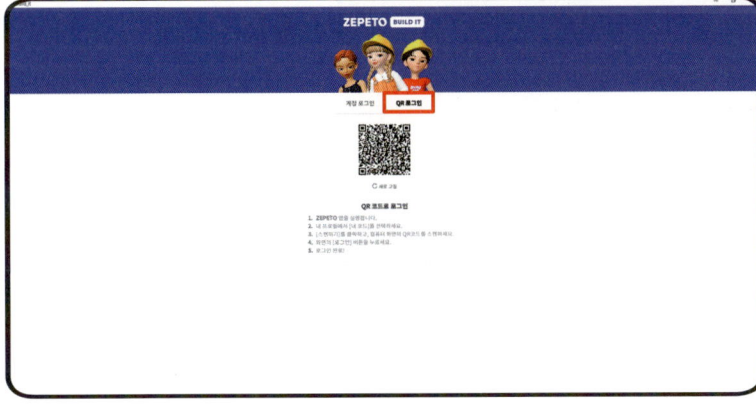

- QR코드를 스캔하면 다음과 같이 스마트폰에 'build it'에 로그인할 것인지 묻는 창이 나옵니다. [로그인]버튼을 누릅니다. 그러면 다음과 같이 빌드잇에 로그인되었다는 창이 나오고 [확인]을 눌러주면 컴퓨터에서 빌드잇을 사용할 수 있습니다.

 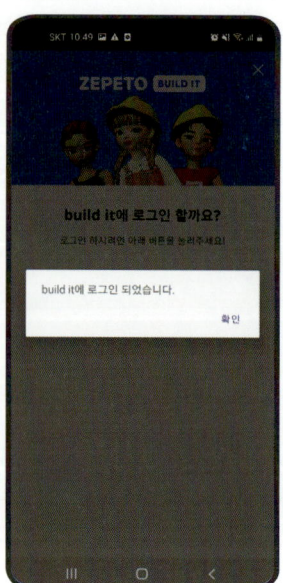

2) 빌드잇 메뉴 사용법 알아보기

가) 메인 화면

빌드잇에 로 그인하면 다음과 같은 화면이 나옵니다. 왼쪽 세로로 차례대로 내 캐릭터, 새로만들기, 내가 만든 맵의 메뉴가 있습니다.

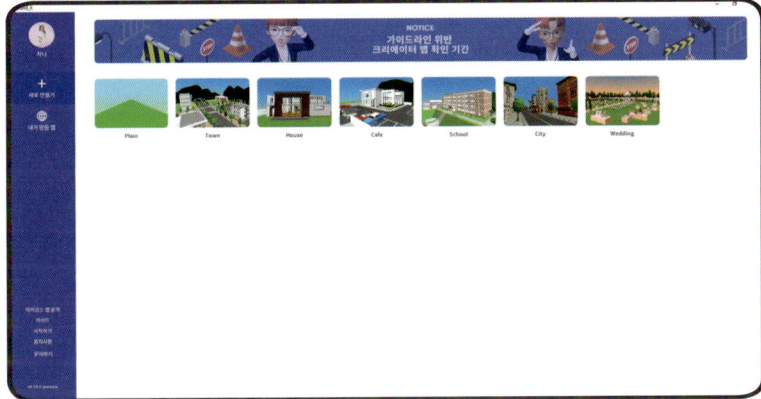

① 캐릭터 메뉴

[캐릭터]를 클릭하면 내 제페토 프로필 사진과 보유하고 있는 젬과 코인 현황, 제페토 아이디, 휴대폰 번호, 등록된 이메일 등의 정보를 확인할 수가 있습니다

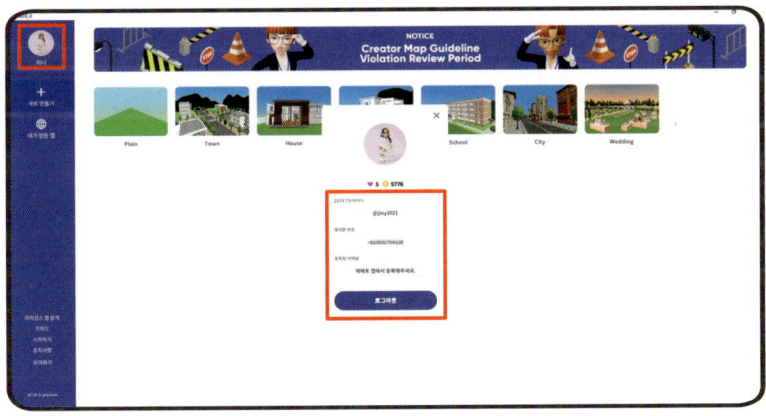

② 새로 만들기 메뉴

새로 만들기 메뉴는 현재 기본적으로 선택되어 있는 상태입니다.

새로 맵을 만들기 시작할 때 선택할 수 있는 맵들의 목록이 화면 중앙에 표시됩니다. 가장 왼쪽에 있는 'Plain' 맵은 아무것도 없이 빈 땅으로 제공되는 기본 맵입니다. 나머지 맵들은 각각 Town, House, Cafe, School, City, Wedding을 주제로 어느 정도 기본적으로 맵이 설계된 상태로 제공되고 있습니다.

③ [내가 만든 맵 메뉴]를 누르면 이제까지 만든 맵의 목록을 볼 수 있습니다.

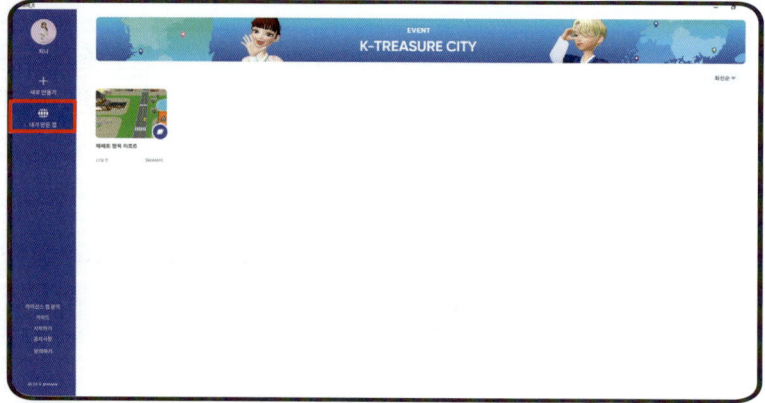

나) 맵 편집 화면 이용 방법

[Plain 맵]을 선택하여 맵 편집 화면으로 이동하여 기본적인 맵 만들기 방법에 대해 알아보도록 하겠습니다. [Plain]을 선택하면 다음과 같은 맵 편집 기본 화면으로 이동합니다.

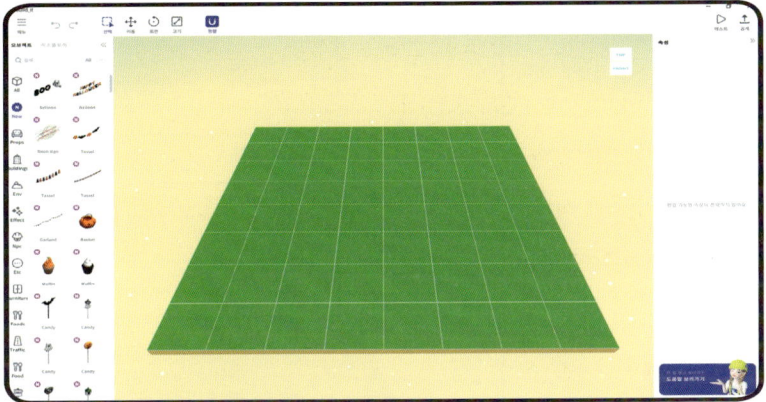

① 맵 편집화면 기본 조작 방법

맵을 상하좌우로 옮기는 방법, 맵 크기 확대, 축소 방법, 맵 보는 각도 조절 방법에 대해 알아보도록 하겠습니다.

㉮ 맵을 상하좌우로 옮기는 방법
화면에서 맵을 옮기는 방법은 두 가지가 있습니다.

첫 번째 방법은 마우스 휠을 누른 상태에서 지도를 드래그하는 방법입니다. 지도를 위쪽으로 옮겨보겠습니다.

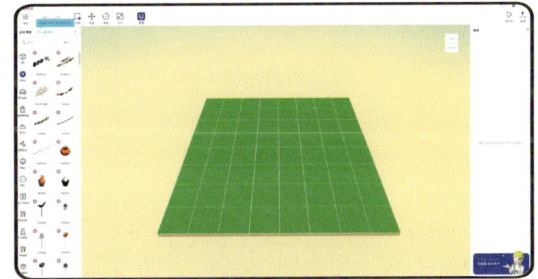
〈맵의 기본 위치〉

두 번째 방법은 스페이스 바를 누른 상태에서 마우스로 맵을 드래그하여 옮기는 방법입니다.
두 가지 방법 실행할 때 모두 화면에 손바닥 모양의 아이콘이 나타납니다.

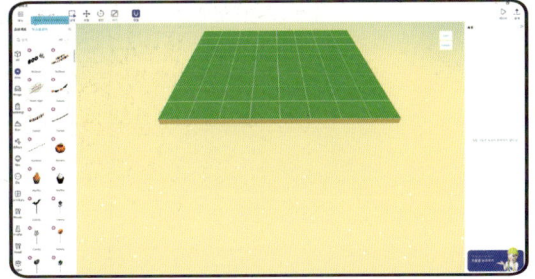
〈마우스 휠을 누른 상태로 드래그하여 지도를 위로 옮긴 모습〉

㉯ 맵 크기 확대 방법
맵을 설계할 때 맵 크기를 확대해 자세히 보면서 작업해야할 때도 있고 맵의 크기를 축소해서 멀리서 전체적인 모습을 보며 작업해야할 때도 있습니다.
맵의 크기를 확대하기 위해서는 마우스로 맵을 클릭하여 선택해주고 마우스 휠을 모니터 쪽으로 굴리면 맵의 크기가 확대됩니다.

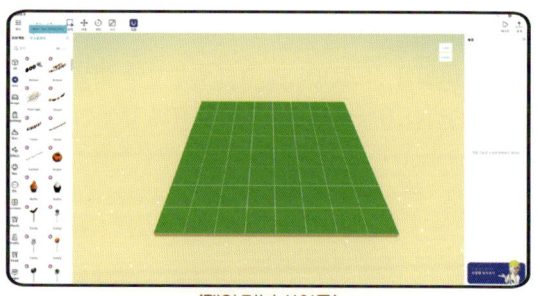
〈맵의 기본 사이즈〉

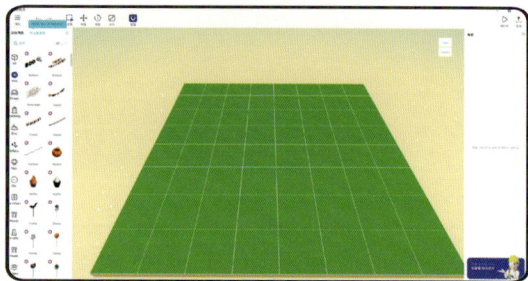
〈맵의 크기를 확대한 모습〉

㉰ 맵 크기 축소 방법
맵의 크기를 축소하기 위해서는 마우스로 맵을 클릭하여 선택해 주고 마우스 휠을 컴퓨터 사용자 쪽으로 굴리면 축소됩니다.

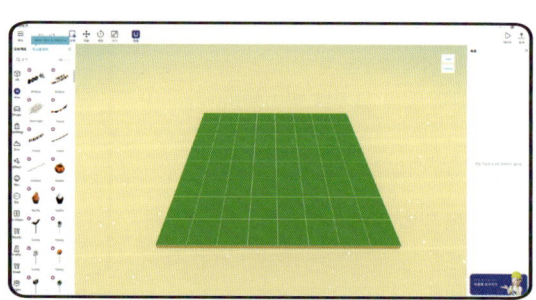
〈맵 기본 사이즈〉

〈맵의 크기를 축소한 모습〉

㉔ 맵 보는 각도 조절하는 방법
맵 오른쪽 상단의 [큐브 모양]을 클릭하여 방향을 눌러주면 맵을 보는 각도를 여러 방향으로 조절할 수 있습니다.

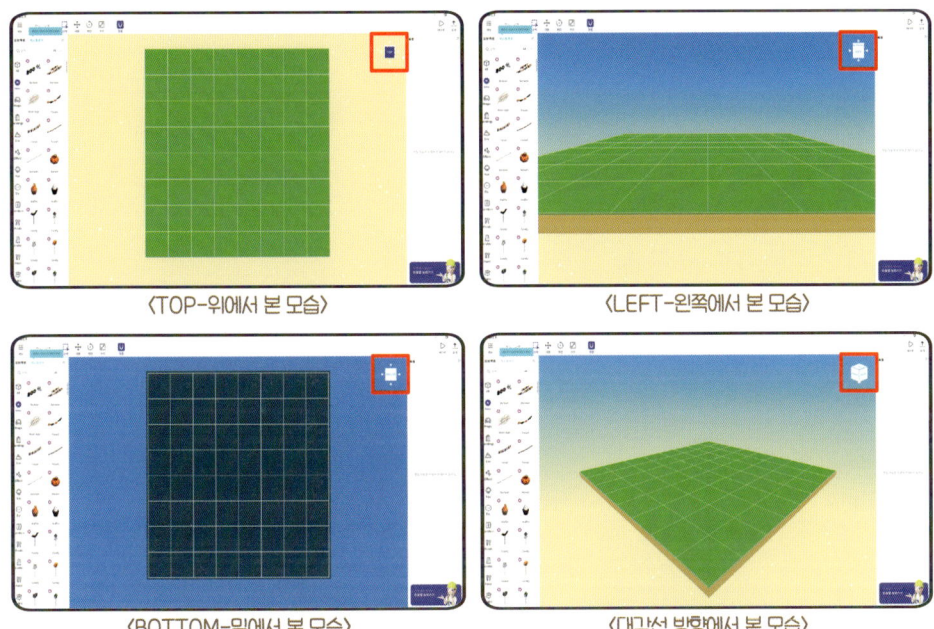

〈TOP-위에서 본 모습〉   〈LEFT-왼쪽에서 본 모습〉
〈BOTTOM-밑에서 본 모습〉   〈대각선 방향에서 본 모습〉

이 외에도 다양한 방향에서 맵을 보는 것이 가능합니다.

② 메뉴 설명
[메뉴]를 누르면 하위 항목으로 홈, 저장, 새로 만들기, 내 정보, 설정, 종료가 있습니다.
하나씩 알아보도록 하겠습니다.

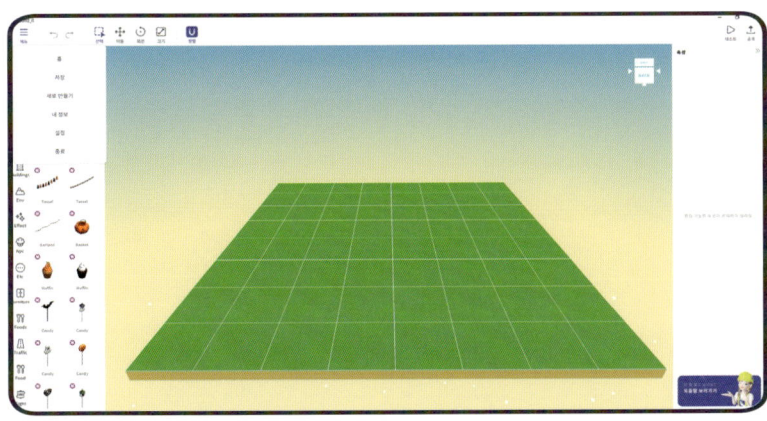

㉮ 홈
[홈]을 누르면 빌드잇 초기 화면으로 이동할 수 있습니다.

㉯ 저장
[저장]을 누르면 현재까지 편집한 맵을 저장할 수 있습니다.

㉰ 새로 만들기
[새로 만들기]를 누르면 맵을 처음부터 다시 만들 수 있습니다.

㉱ 설정
[설정]을 누르면 맵에서의 사용 언어, 효과음 켜고 끄기 설정을 할 수 있고 단축키를 확인할 수 있습니다. 단축키를 외워서 활용하면 맵을 좀 더 빠르게 만들 수 있습니다.

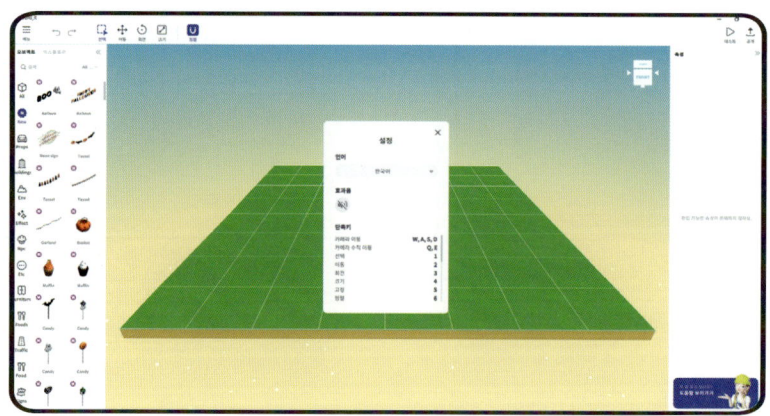

㉲ 종료
[종료]를 누르면 빌드잇을 종료할 수 있습니다.

③ 익스플로러 메뉴 설명

[메뉴] 아래에 오브젝트와 익스플로러 탭이 있습니다. 익스플로러의 하위 항목으로 월드와 오브젝트가 있습니다. 월드는 다시 지형, 하늘, 배경음악, 플레이어의 항목으로 이루어져 있습니다. 하나씩 알아보도록 하겠습니다.

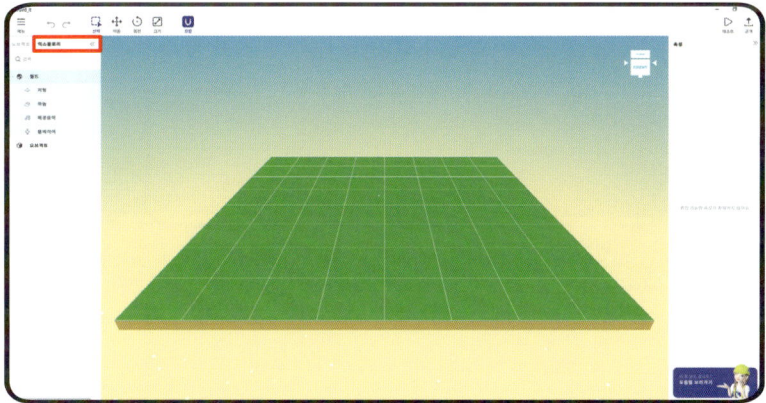

㉮ 월드

❶ 지형

㉠ 지형의 면적 조절 방법

[지형]을 누르면 화면의 오른쪽에 다양한 설정 항목들이 나옵니다. 세 번째의 [지형 크기조절]을 누르면 화면에 지형을 넓히거나 줄일 수 있는 영역이 보라색과 군청색으로 표시됩니다. [+모양 아이콘]을 눌러 지형의 면적을 넓히거나 [-모양 아이콘]을 눌러 지형의 면적을 줄일 수 있습니다.

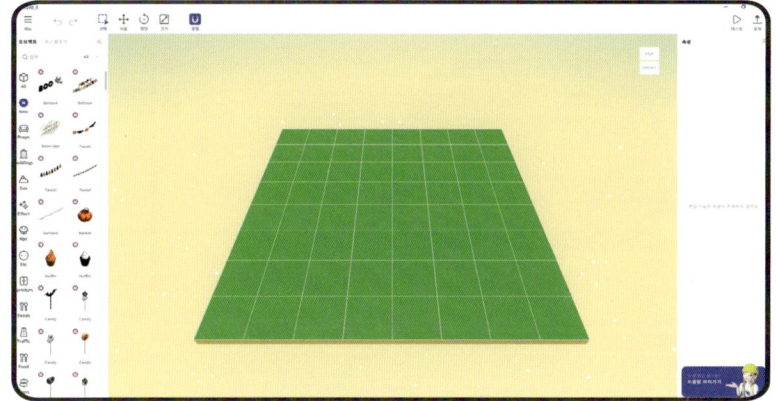

〈지형 메뉴를 눌렀을 때의 기본 화면〉

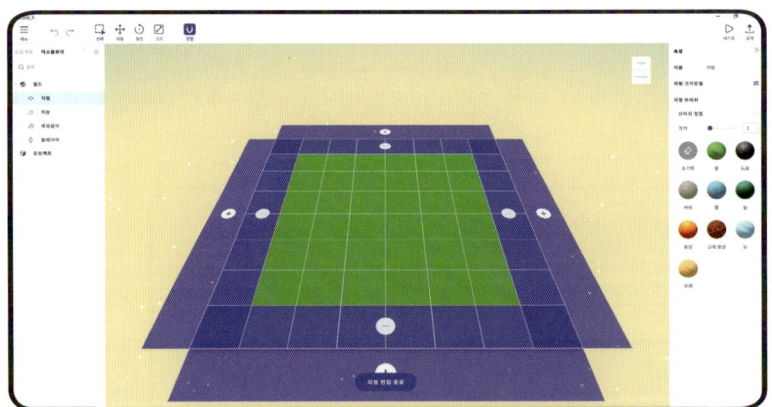
〈지형 크기 조절을 클릭한 경우 화면이 활성화 된 모습〉

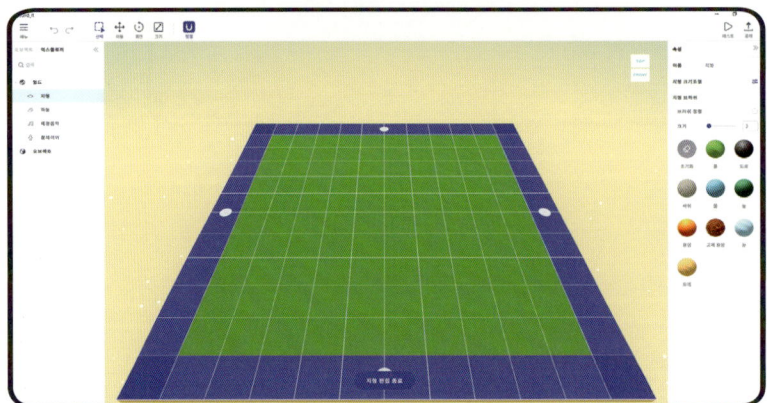
〈[+버튼]을 눌러 맵의 면적을 최대한 넓힌 모습〉

〈[-버튼]을 눌러 맵의 면적을 최대한 줄인 모습〉

맵의 면적 편집을 모두 마친 후에는 화면 하단의 [지형 편집 종료]를 눌러 편집을 마무리합니다.

ⓒ 맵에 지형 배치 방법

맵에 배치 가능한 지형의 종류에는 풀, 도로, 바위, 늪, 용암, 고체 용암, 눈, 모래가 있습니다. 화면 오른쪽에서 원하는 지형의 종류 그림을 선택하고 맵에 마우스를 가져가면 브러쉬를 움직여 해당 지형을 맵 위에 칠할 수 있습니다.

브러시의 크기는 0.5에서 20포인트까지 조절이 가능합니다. 넓은 공간에 지형을 칠하고자 할때는 브러시의 굵기를 굵게 조절하고 세밀한 부분을 작업하고자 할 때는 브러시의 굵기를 가늘게 하면 좋습니다.

[초기화]를 누르면 그림판의 지우개 기능과 같이 칠했던 지형을 지울 수 있습니다.

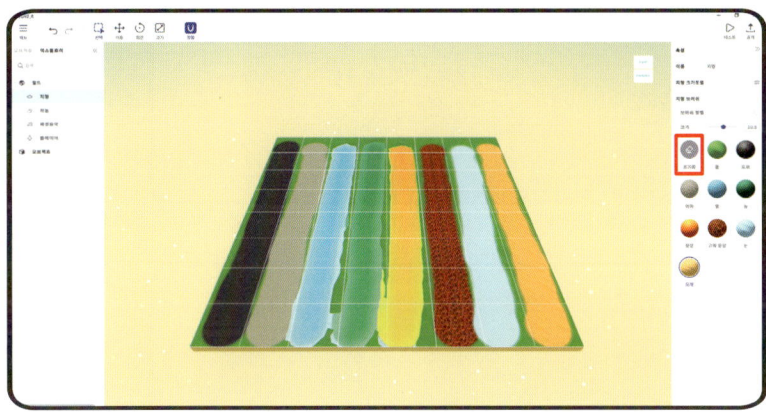

브러시 정렬 체크박스에 체크하고 지형을 그리면 지형을 좀 더 반듯하게 그릴 수 있습니다.

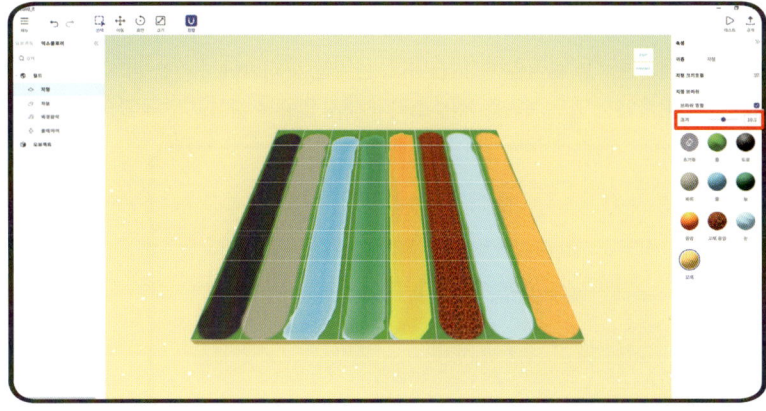

❷ 하늘

[하늘 메뉴]를 누르면 하늘 색상을 조절하는 바가 나옵니다. 이를 이용하여 하늘의 색상을 조절할 수 있습니다.

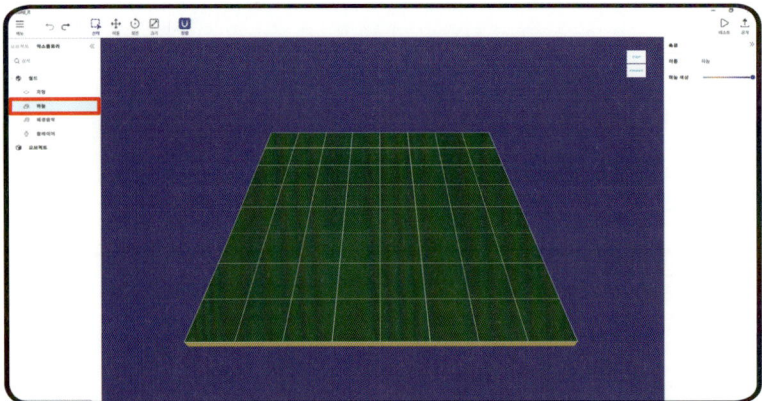

〈하늘의 색상을 조절하여 밤 컨셉을 연출한 모습〉

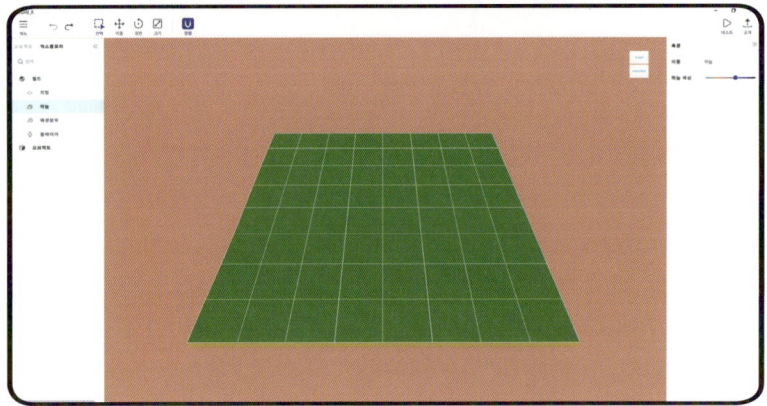

〈하늘 색상을 조절하여 초저녁 컨셉을 연출한 모습〉

❸ 배경음악

배경음악 메뉴에서 맵의 배경음악을 설정할 수 있습니다. 음악을 클릭하여 원하는 음악을 골라 미리 들어볼 수 있습니다. 소리 항목에서 맵 설계하는 동안 소리가 나지 않도록 설정할 수도 있습니다.

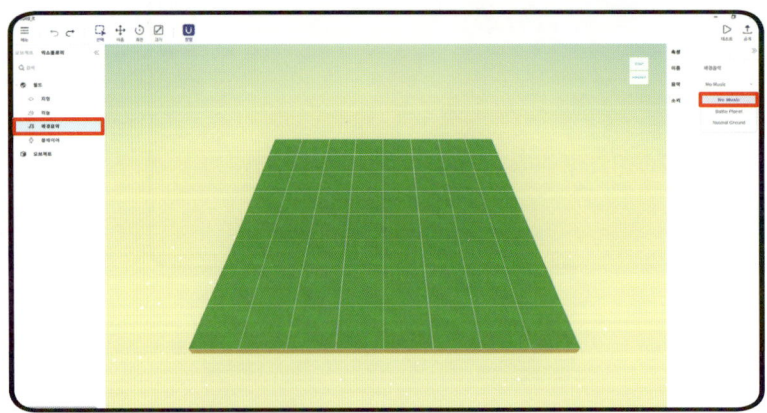

❹ 플레이어

플레이어 메뉴에서는 맵 안에서 활동하는 아바타들의 속도와 점프 강도를 설정할 수 있습니다. 기본 설정은 각각 2로 되어 있습니다.

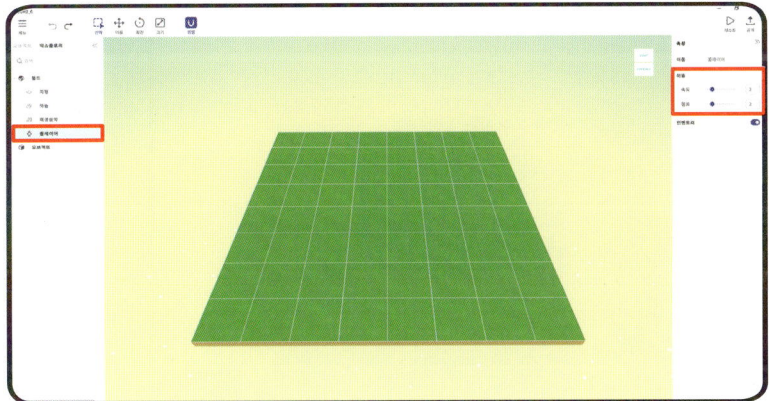

❺ 오브젝트

오브젝트 메뉴에서는 현재 맵에 배치된 오브젝트의 목록을 확인할 수 있습니다. 맵을 만드는 동안 오브젝트를 배치하고 난 후, 본인이 배치한 오브젝트들을 확인해보기 바랍니다.

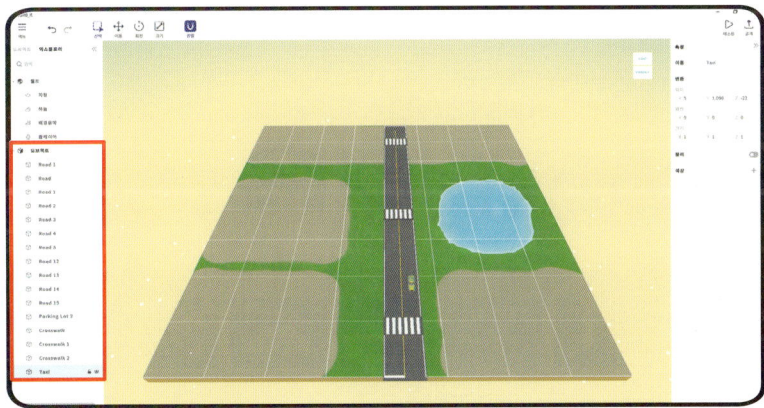

④ 오브젝트 메뉴 설명

화면 왼쪽 상단의 [오브젝트]탭을 선택하면 화면 왼쪽에 다양한 오브젝트들의 카테고리가 나오고 각 카테고리별 오브젝트가 이미지와 함께 나오는 것을 볼 수 있습니다.

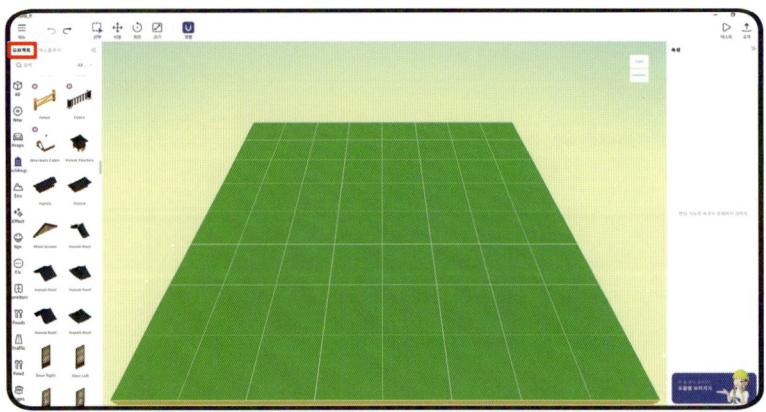

㉮ 오브젝트의 배치와 삭제

예를 들어, Building 카테고리를 선택한 후 Hanok(한옥)을 선택하여 맵 상의 원하는 위치를 선택하여 클릭하면 한옥을 그 자리에 배치할 수 있습니다. 이때 배치된 오브젝트가 밝게 활성화 되어있는 것을 볼 수 있습니다. 활성화를 해지하려면 ESC버튼을 누릅니다. 그리고 마우스를 맵 상의 아무 곳이나 클릭하면 오브젝트의 배치가 완료됩니다.

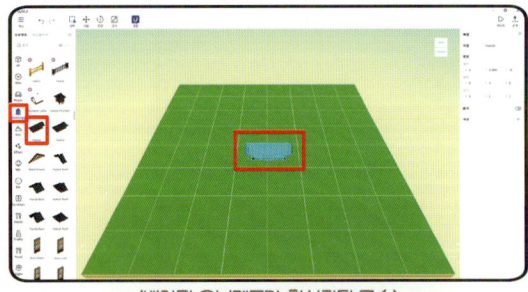

〈배치된 오브젝트가 활성화된 모습〉

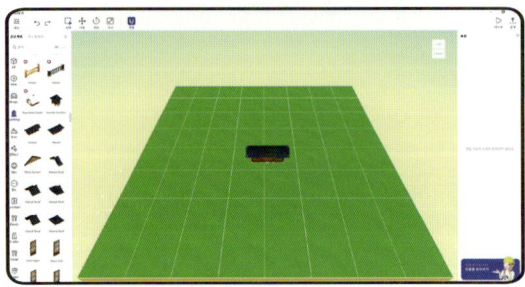

〈오브젝트 배치가 완료된 모습〉

배치한 오브젝트를 삭제하고자 할 경우에는 해당 오브젝트를 클릭하고 Delete키를 누르거나 오브젝트를 클릭한 후 마우스 오른쪽 버튼을 눌러서 나오는 세 번째 메뉴의 [삭제]를 누르면 됩니다.

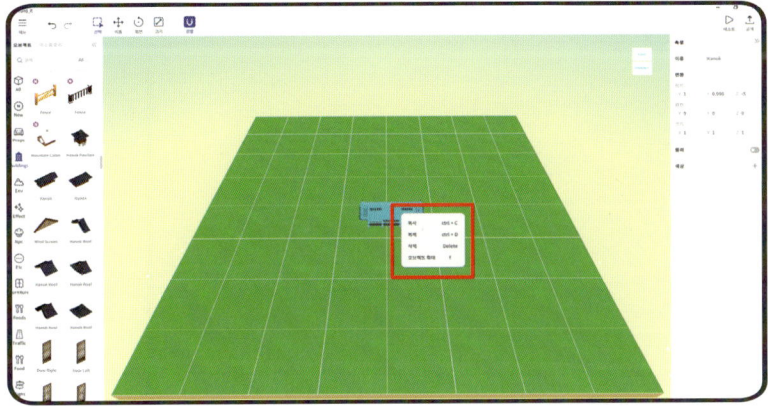

㉯ 오브젝트 이동하기

배치된 오브젝트를 다른 곳으로 이동시켜야 하는 경우가 있습니다. 이때는 이동하기 원하는 오브젝트를 클릭하고 화면 상단의 이동 아이콘을 누릅니다. 그러면 파랑, 연두, 빨강 선과 각 선의 끝에 원뿔 모양이 생깁니다. 그리고 3개의 선이 만나는 지점에는 큐브 모양이 생깁니다.

이때 원뿔 모양을 잡고 오브젝트를 이동시키거나 큐브 모양을 잡고 이동하면 오브젝트가 다른 곳으로 이동하게 됩니다.

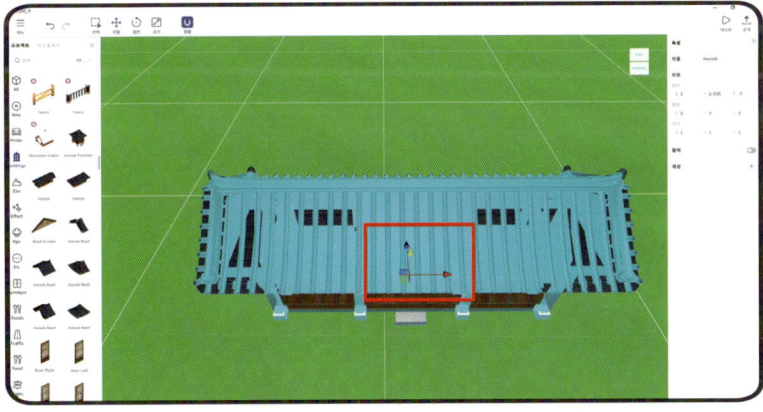

㉓ 오브젝트 회전하기

오브젝트가 배치된 방향을 바꾸고자 할 때는 화면 상단의 [회전 메뉴]를 이용합니다. 회전을 원하는 오브젝트를 클릭하고 화면 상단의 [회전 메뉴]를 누르면 빨강, 파랑, 노랑, 연두 등의 색상의 둥근 선 모양이 여러 개 생기는데 마우스로 선을 잡고 원하는 방향으로 회전시키면 됩니다.

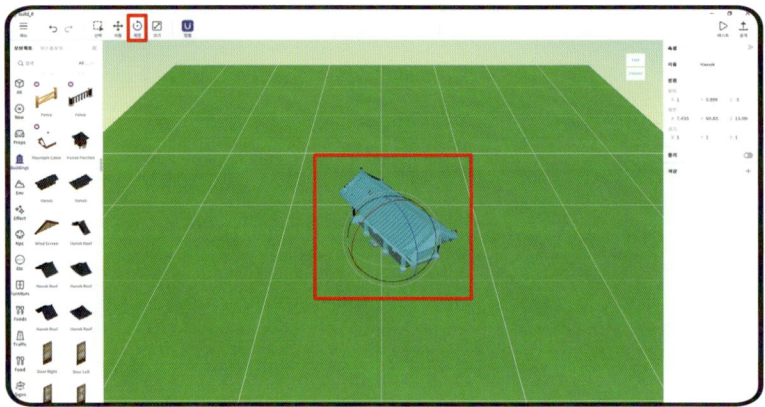

㉔ 오브젝트 크기 변경하기

오브젝트가 작거나 클 경우에는 크기를 변경할 수 있습니다. 크기를 변경하고자 하는 오브젝트를 클릭하고 화면 상단의 [크기 메뉴]를 누르면 연두, 파랑, 빨강 선과 만나는 지점에 하얀색 큐브 모양이 생기는 것을 볼 수 있습니다. 각 선의 끝에도 마찬가지로 큐브 모양이 생긴 것을 볼 수 있습니다. 마우스로 크기를 변화시키고자 하는 선이나 선 끝의 큐브 모양을 잡고 드래그 해주면 오브젝트의 크기가 변화됩니다. 만약 전체적인 비율이 바뀌지 않게 크기를 크게 하거나 작게 하고 싶으면 선들이 만나는 가운데 지점의 큐브를 드래그하여 크기 조절을 해 주면 됩니다.

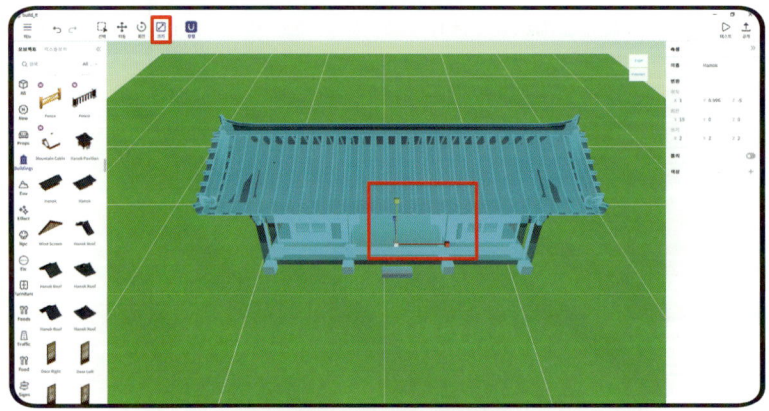

〈오브젝트의 크기를 변경한 모습〉

⑩ 오브젝트 정렬하기

맵을 시작하면 기본적으로 맵 위에 격자 모양이 있는 것을 볼 수 있습니다. 이는 화면 상단의 [정렬] 기능이 활성화 되어 있기 때문입니다. 정렬 기능이 눌러져 있으면 오브젝트를 일정한 간격으로 배치하기가 쉽습니다.

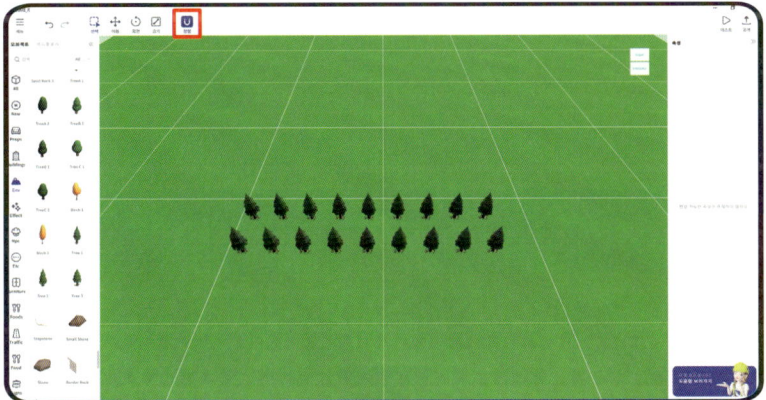

〈정렬 기능이 선택된 상태에서 나무를 쉽게 가지런히 배치한 모습〉

정렬 기능을 해제하면 맵 위의 격자가 사라지고 오브젝트를 배치할 때 정렬 기능이 있을 때에 비해 원하는 위치에 오브젝트를 배치하기가 쉬워집니다. 마우스의 움직임도 한결 부드러워집니다. 정렬 기능이 설정되어 있을 때에는 오브젝트 사이에 오브젝트를 배치할 수 없거나 이미 있는 오브젝트와 겹쳐져 배치되지만 정렬을 해제한 상태에서는 오브젝트의 사이 사이에 자유롭게 오브젝트를 배치할 수 있게 됩니다.

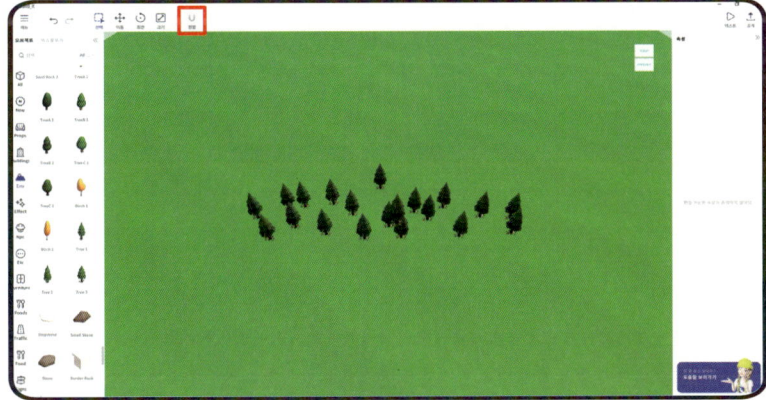

〈정렬 기능이 해제된 상태에서 나무를 자유롭게 배치한 모습〉

㉻ 복제하기 기능

이미 배치된 오브젝트들의 배열과 같은 패턴으로 배치하고 싶으면 오브젝트들을 드래그 하여 영역을 지정하고 마우스 오른쪽 버튼을 눌러 복제를 누르거나 Ctrl+D를 누릅니다.

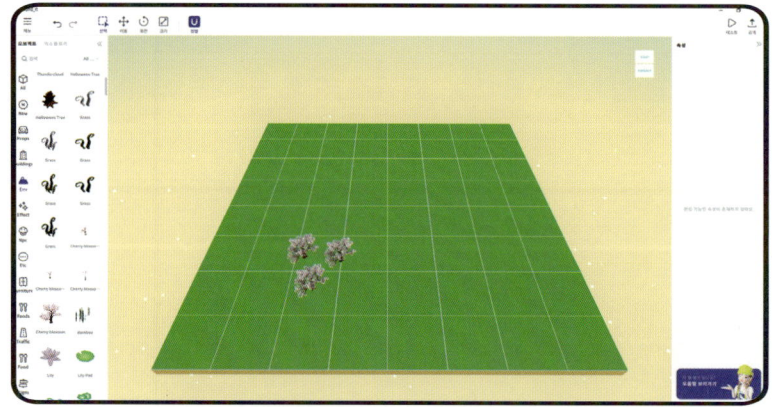

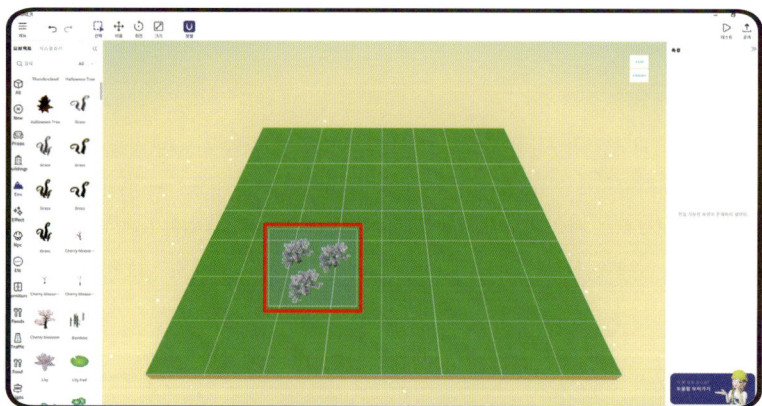

〈오브젝트들을 드래그 하여 영역 지정하기〉

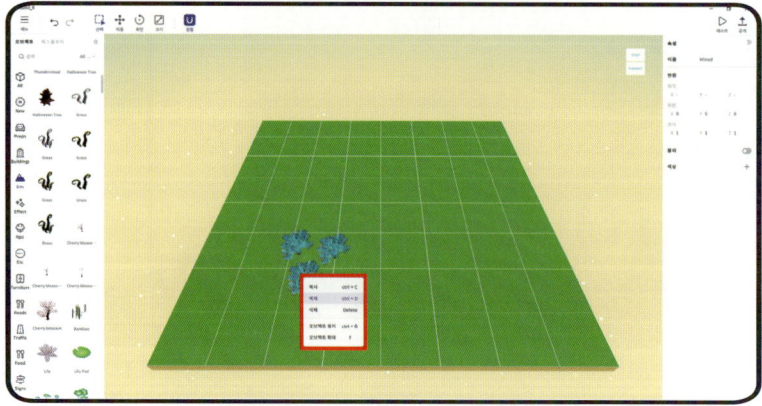

〈마우스 오른쪽 버튼을 눌러 복제 누르기〉

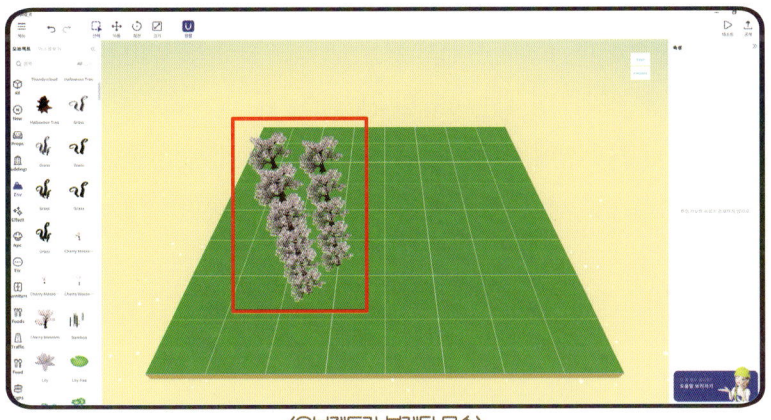

〈오브젝트가 복제된 모습〉

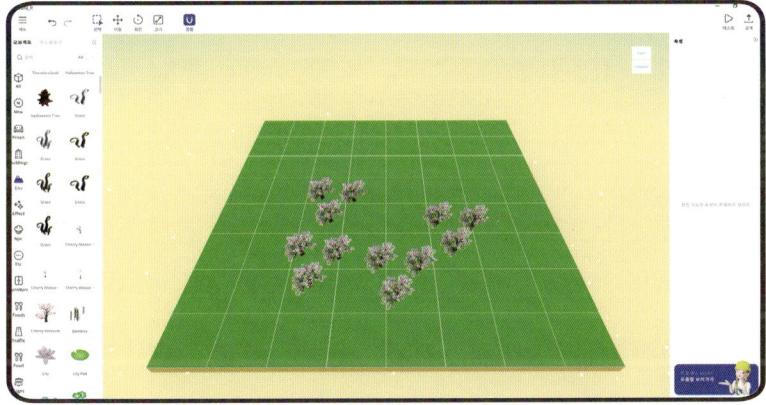

〈드래그하여 영역 지정하고 복사하기를 눌러 원하는 곳에 붙여넣기 한 모습〉

복제하기는 같은 패턴으로 오브젝트의 윗 방향으로만 일정한 패턴으로 오브젝트들이 생기지만 복사하여 붙여넣기는 원하는 곳에 마우스 커서를 위치하고 붙여넣기를 하면 그 곳에 복사된 영역의 오브젝트들이 배치된다는 차이가 있습니다.

다. '밤의 운치가 있는 한옥마을' 맵 따라 만들기

지금까지 배운 빌드잇 이용 방법을 활용하여 '밤의 운치가 있는 한옥마을'을 만들어보겠습니다. 밤의 운치가 있는 한옥마을은 제페토에서 친구들을 초대하여 친목 모임도 하고 아름다운 밤의 한옥 풍경을 배경으로 사진도 찍을 수 있는 관광 명소입니다. 건물 안에서 수다도 떨고 한옥마을 거리를 산책할 수도 있습니다.

시작하기에 앞서 맵을 만들기 전에 먼저 설계도를 그려보는 것을 추천합니다. 설계도는 꼭 자세하게 그릴 필요는 없습니다. 종이에 연필로 어느 곳에 어떤 지형을 배치할지, 큰 길은 어떻게 놓을지, 큰 건물은 어디에 배치할지 등을 간단하게 적어보는 것으로 충분합니다. 왜냐하면 맵을 만드는 동안에도 여러 가지 이유에 의해 설계도는 계속 수정되기 때문입니다.

우리가 만들어볼 맵의 완성 모습입니다! 자 그럼, 맵 만들기를 하나씩 따라해 볼까요?

밤의 운치가 있는 한옥마을 완성 모습

1) Plain 맵 선택하기

제페토에서 제공해주는 주제별 맵도 있지만 빌드잇 사용 기능을 익혀보기 위해 아무 것도 없는 Plain 맵을 이용하여 맵을 만들어보겠습니다.

빌드잇에 로그인하여 [Plain 맵]을 선택합니다.

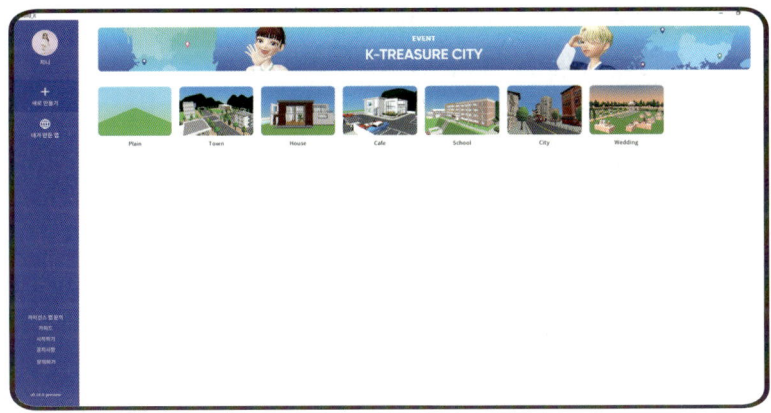

2) 지형 배치하기

가) 지형을 배치하겠습니다. 익스플로러 메뉴의 월드에서 지형을 선택합니다.

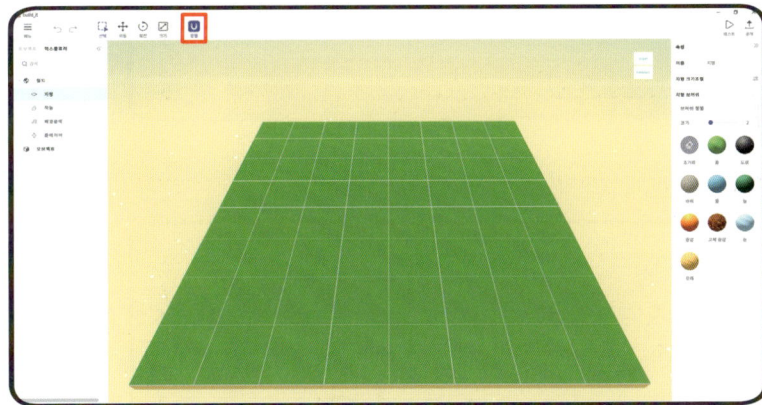

나) 가운데와 아래쪽 양쪽에 호수를 배치하기 위해 물 지형을 선택하고 넓은 지형이므로 브러시 크기를 약 9.9로 설정하여 브러시로 호수가 위치할 장소에 물 지형을 칠하였습니다.

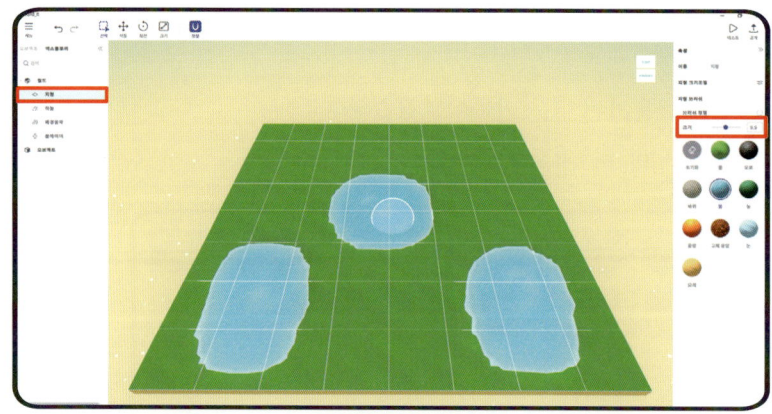

다) 밤에 맞게 하늘의 조절 바를 이용해 어둡게 해주겠습니다.

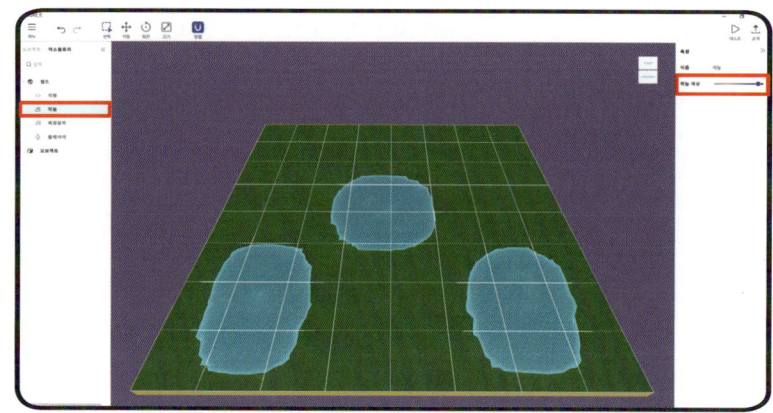

라) 밤의 신비한 느낌이 드는 배경음악도 설정해 주겠습니다.

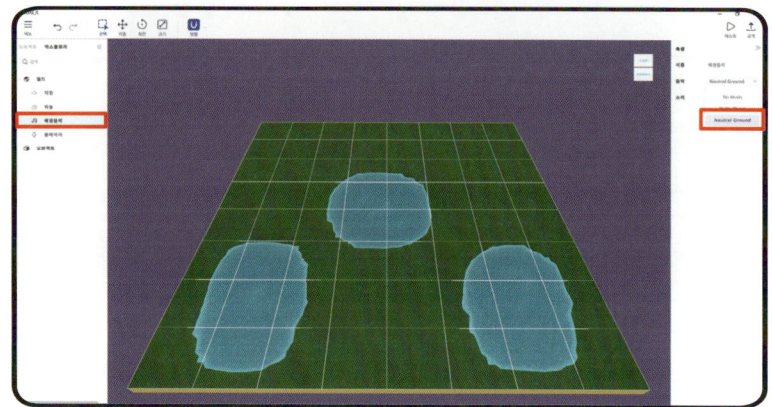

마) 이제 오브젝트 메뉴로 가보겠습니다. 밤 하늘에 달걀 노른자 같은 보름달이 빠질 수가 없겠죠? Env카테고리의 맨 처음에 있는 Full Moon을 선택하여 오른쪽 높은 곳에 달을 배치해 주겠습니다.

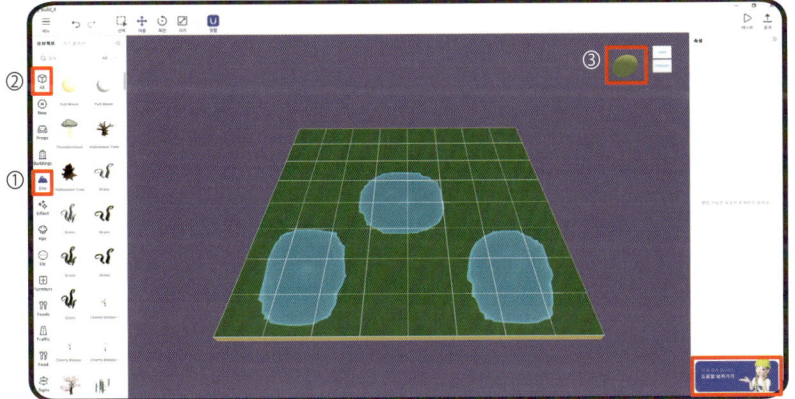

바) 관광지에 온천이 빠질 수 없으니 Building 카테고리에서 온천을 선택하여 맵 맨 위의 중앙에 배치하겠습니다.

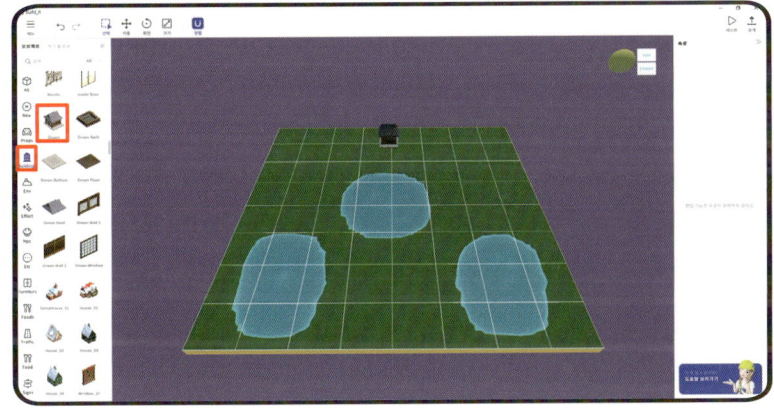

오브젝트를 선택하여 배치한 후 오브젝트 선택 상태를 해제하려면 마우스 오른쪽 버튼을 클릭하면 됩니다.

사) Building 카테고리에서 한옥마을의 메인 건물인 House도 선택하여 배치하겠습니다.

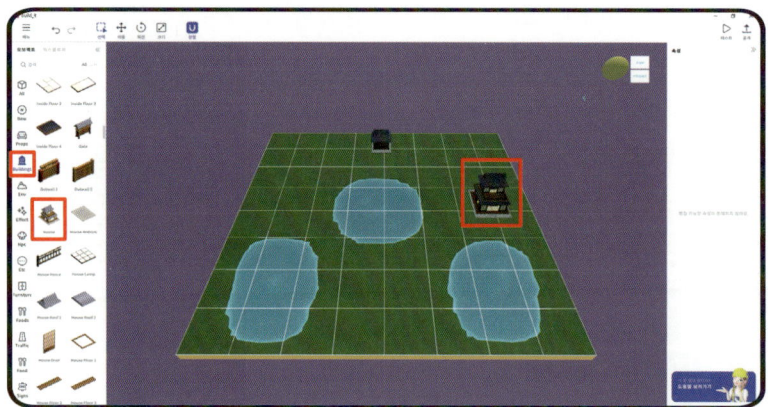

- 메인 건물이므로 건물 크기를 좀 더 키워보겠습니다. House를 마우스로 클릭하여 화면 상단의 [크기 메뉴]를 누르거나 [단축키 4번]을 누르면 크기를 조절할 수 있는 상태가 됩니다.

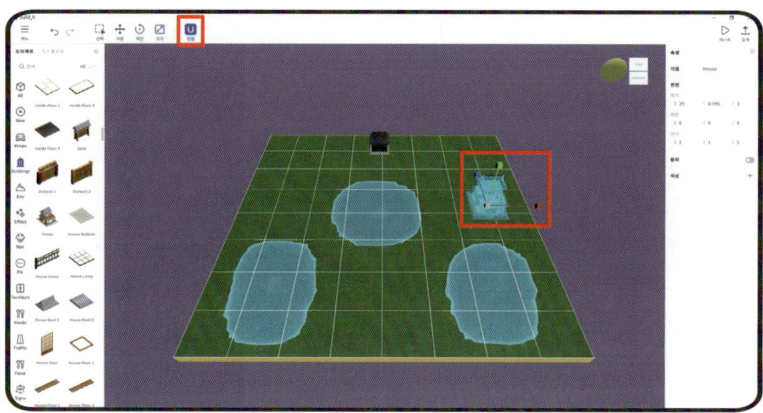

- 건물의 높이와 너비를 조금씩 키워보았습니다.

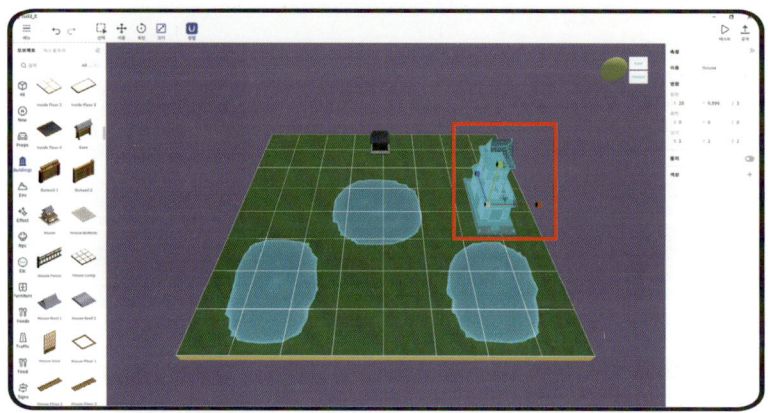

- 온천 옆에 건물을 하나 더 지어보도록 하겠습니다. 우선 Building 카테고리에서 지붕이 없지만 괜찮은 건물을 하나 골랐습니다. Building2라는 오브젝트를 원하는 위치에 배치합니다.

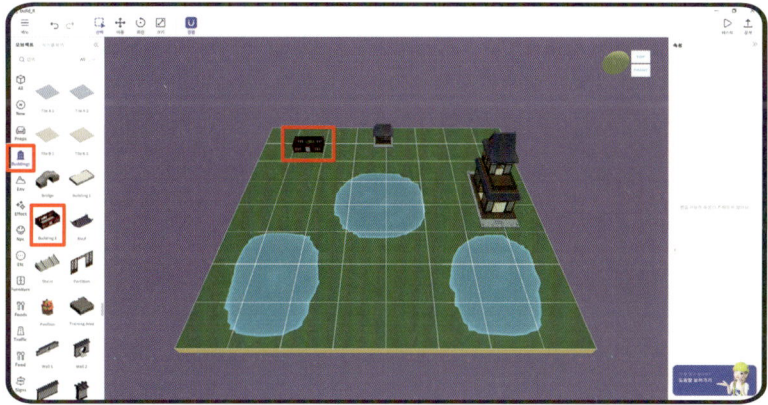

- 방금 설치한 Building2 오브젝트의 옆에 있는 Roof를 건물 위에 씌워줍니다. 그러면 지붕이 있는 한옥 건물을 완성할 수 있습니다.

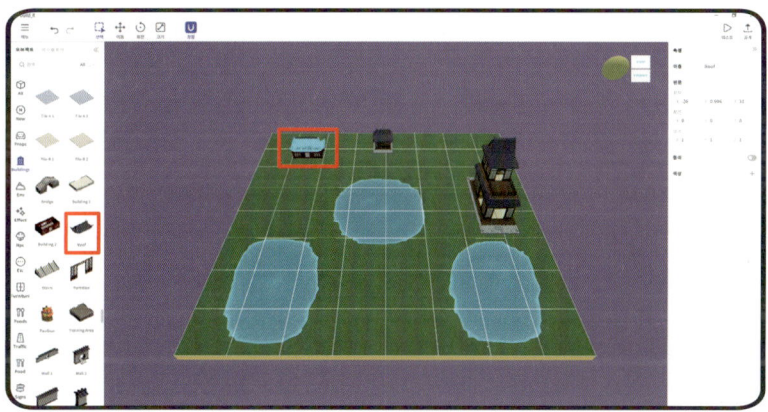

- 지붕이 건물을 다 덮지 못한 것 같으므로 지붕의 크기를 좀 더 크게 키워보겠습니다.

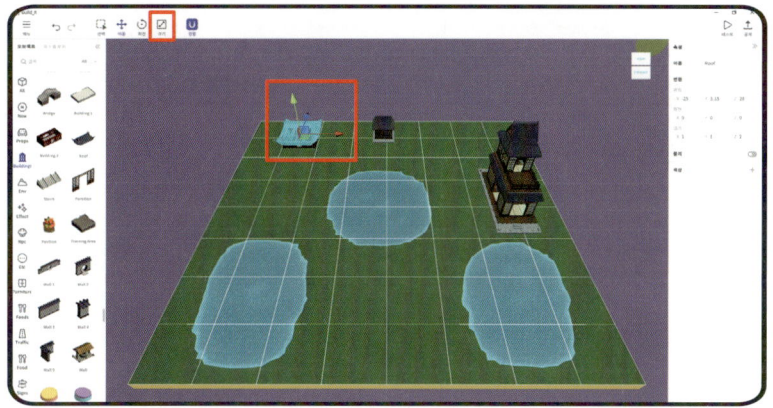

- 지금 만든 건물의 크기가 어느 정도인지 가늠해 보기 위하여 NPC를 맵에 세워볼 수 있습니다.

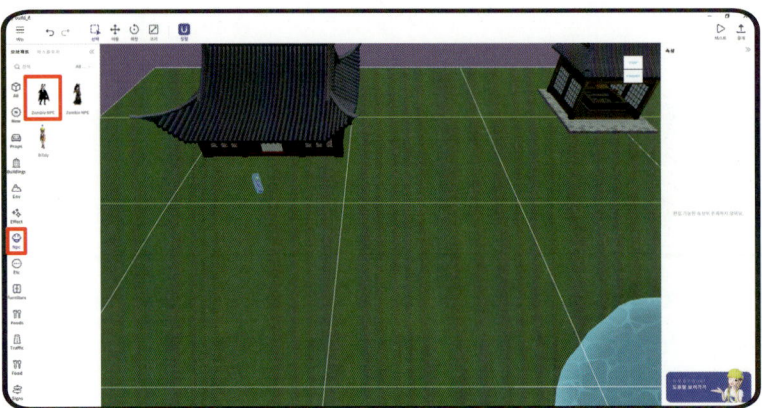

- 아바타가 처음 등장하는 위치를 Spawn 지점이라고 합니다. 맵의 아래쪽 중앙에 Spawn 지점을 일단 3개 만들어보겠습니다. 왼쪽의 오브젝트 카테고리에서 Spawn 카테고리를 선택하면 여러 가지 모양의 Spawn 오브젝트가 나옵니다. 이 중 두 번째 오브젝트를 골라 배치해보았습니다.

- Spawn 지점은 일정한 거리를 두는 것이 좋습니다. 너무 가까우면 참가자들이 등장하였을 때 서로 부딪혀 불편할 수 있기 때문입니다. 그리고 Spawn 지점을 여유 있게 설치하는 것이 좋습니다. 그래야 동시에 등장할 때 아바타끼리 서로 겹치지 않기 때문입니다.

- 좀 전에 지은 건물에 다가가 지붕이 잘 설치 되었는지 확인해 보겠습니다. 아바타의 조작 방법은 W-앞, A-왼쪽, D-오른쪽, S-뒤, 또는 방향키를 이용하여 조작하는 방법이 있습니다. [스페이스 바]를 누르면 점프할 수 있습니다.
마우스를 움직여 아바타가 바라보는 시점을 바꿀 수도 있습니다.

〈같은 위치에서 마우스로 시점을 바꾼 모습〉

- 처마 근처로 와 보니 지붕이 잘 만들어진 것을 볼 수 있습니다.

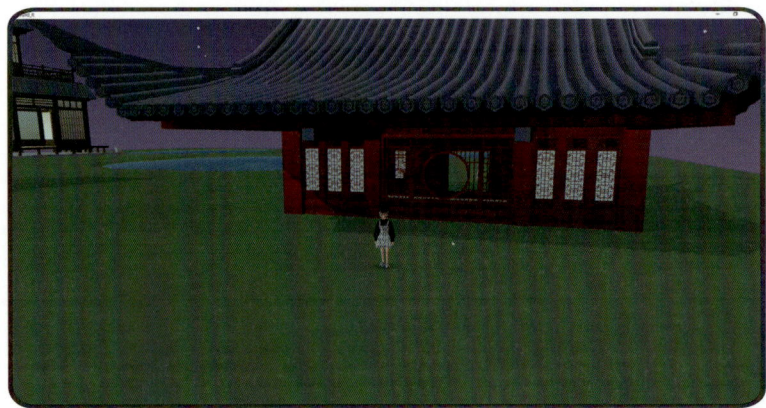

- 건물의 뒤편으로 가서 보이지 않는 뒤쪽도 지붕이 잘 결합되었는지 확인해보니 잘 만들어진 것을 알 수 있었습니다. 아까 세워놓았던 NPC의 모습도 보입니다.

- [Esc]를 누르면 다시 맵 편집화면으로 돌아올 수 있습니다. 메인 건물 맞은 편에 Buildings 카테고리의 한옥을 한 채 더 지어 보겠습니다.

- 맞은 편 건물과 마주볼 수 있도록 화면 상단의 [회전 메뉴]를 눌러 건물의 방향을 90도 돌려보겠습니다.

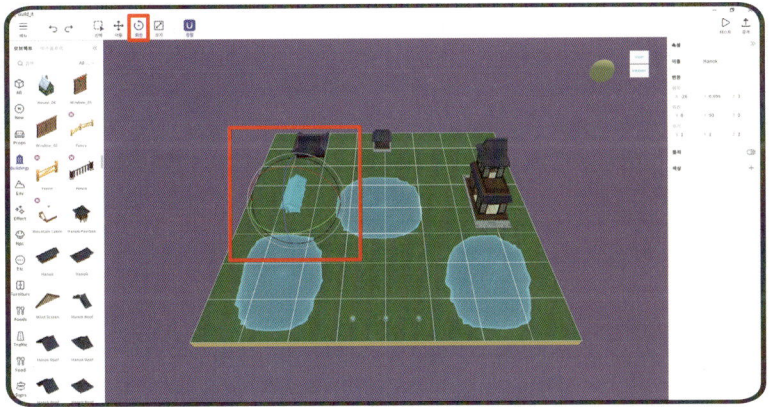

-고풍적인 분위기를 내기 위해 우물을 배치하였습니다. 우물은 오브젝트 목록을 보며 일일이 찾기가 어려웠으므로 검색 창에 'Well'을 넣어 검색하였습니다. 오브젝트들의 이름이 영어로 되어 있는 점은 다소 불편한 점입니다.

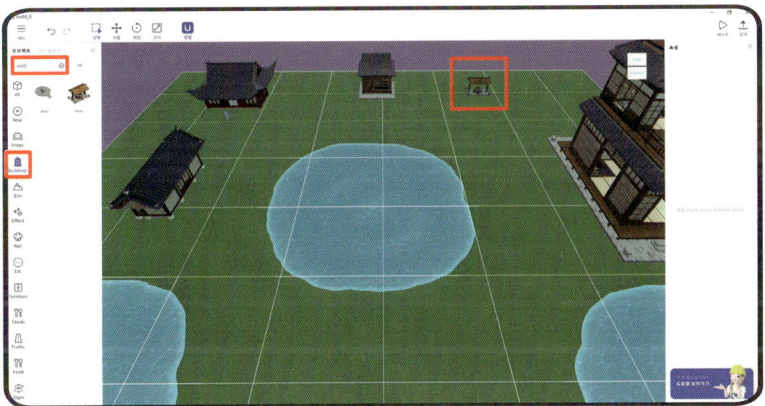

- 메인 건물과 새로 지은 한옥 건물을 이어줄 다리를 Buildings 카테고리의 Bridge 오브젝트를 선택하여 배치하였습니다. 다리의 길이가 짧으므로 여러 개를 이어 배치하여 긴 다리를 완성하였습니다.

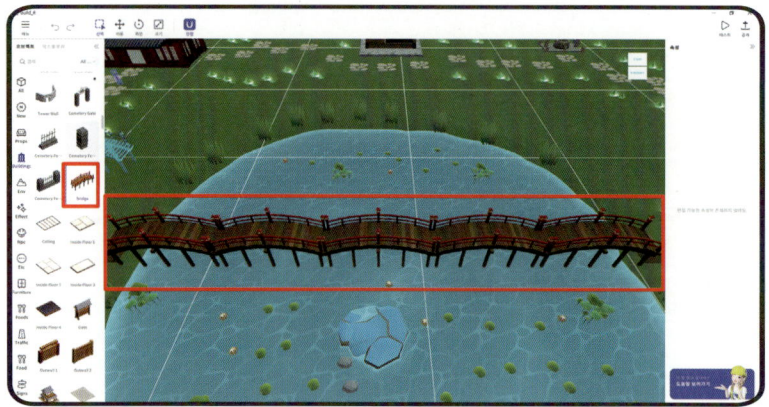

- 다리의 높이가 지상에서 높게 되어있으므로 다리에 올라가기 위한 계단이 필요합니다. 따라서 왼쪽의 카테고리 중 계단에 해당하는 Stair 카테고리에 들어가 다리의 색감과 비슷한 Desert Rock 계단을 선택하여 배치하였습니다. 그러나 계단의 방향이 다리의 방향과 맞지 않으므로 방향을 수정하고 자리도 이동하여 다리와 연결될 수 있도록 하는 작업이 필요하였습니다.

- 먼저 계단을 클릭하고 화면 상단의 [회전 메뉴]를 눌러 계단을 다리의 방향에 맞게 돌려줍니다.

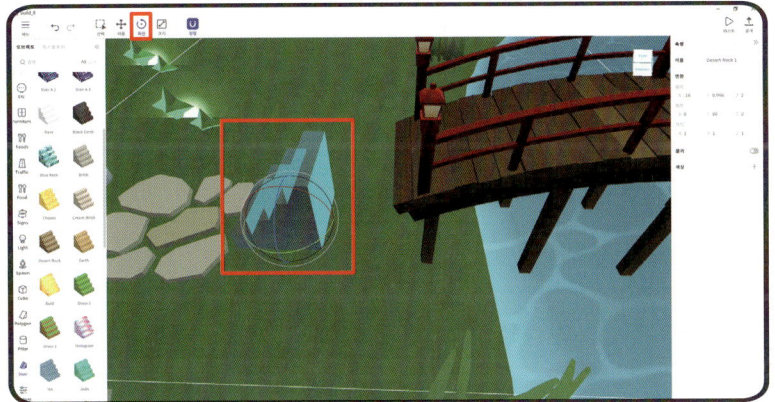

- 다시 [이동 메뉴]를 눌러 계단이 다리와 이어지도록 파란색 화살표를 당겨 계단을 이동시켰습니다.

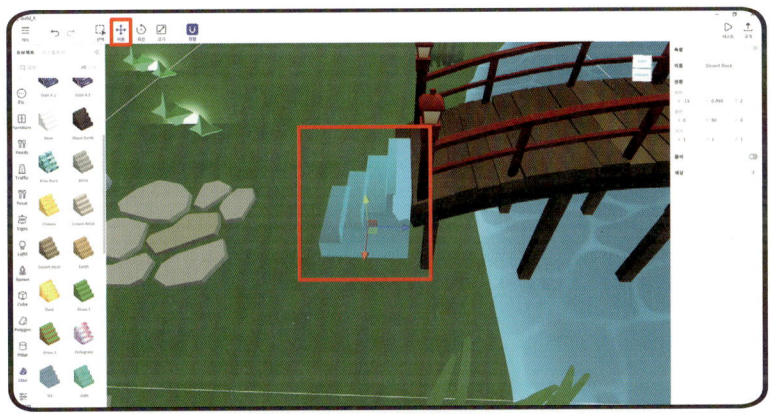

- 맵 테스트 결과 계단과 다리가 잘 연결되어 아바타가 다리 위로 잘 이동할 수 있었습니다. 반대쪽도 같은 방법으로 계단을 설치해 줍니다.

- 한옥마을 가운데 호수 안에 크고 평평한 바위를 배치하였습니다. 바위가 위로 너무 튀어나왔으므로 [이동 메뉴]를 클릭하고 위쪽 방향인 연두색 고깔 모양을 아래로 이동시켜 바위의 일부가 호수 안으로 조금 들어가도록 하였습니다.

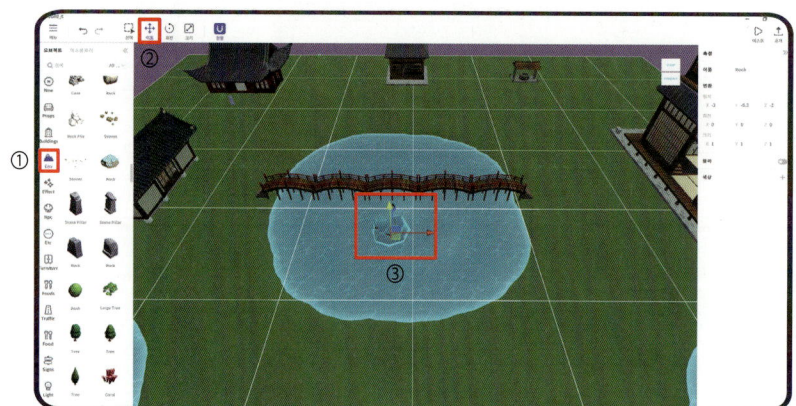

- 그 다음으로 검색 창에 Rock를 검색하여 징검다리로 쓸만한 바위를 골라 돌 다리를 배치해 보았습니다. 그런데 돌다리의 배열이 너무 규칙적이어서 인위적인 느낌을 들었습니다.

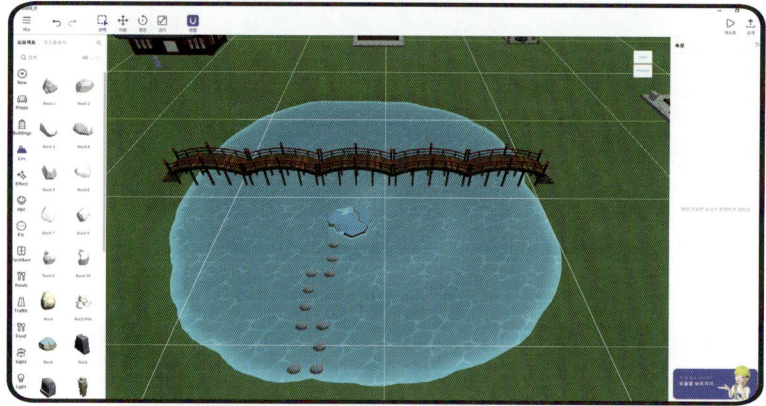

- 그래서 화면 상단의 정렬 메뉴를 해제한 후 돌다리를 자연스럽게 다시 배치해 보았습니다. 좀 전보다 훨씬 자연스러운 것을 볼 수 있습니다.

- 한옥마을의 곳곳에 외벽을 설치하는 대신 소나무를 심어줍니다.

- 호수 안에 연잎과 연꽃을 배치합니다. Env 카테고리의 Lotus1과 Lotus2를 활용하였습니다.

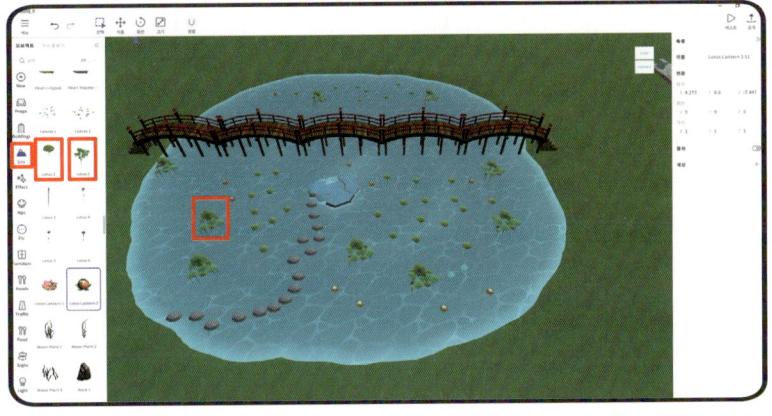

- 호수 주변에 수풀을 배치하기 위해 Bush1 오브젝트도 배치해 줍니다.

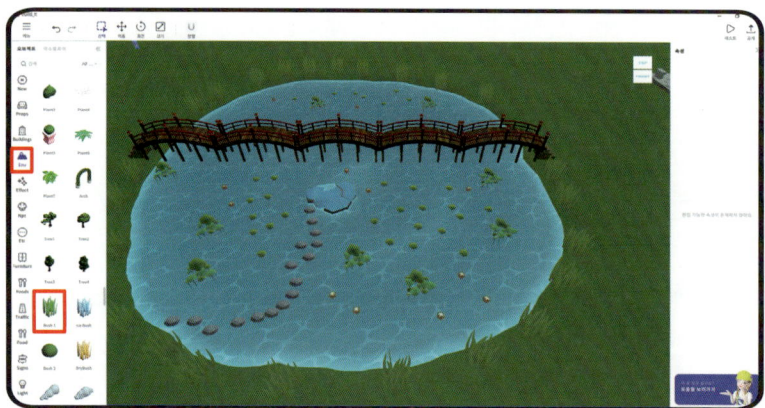

- 다리의 끝에 예쁜 아치문도 배치하여 방향을 다리 방향과 맞게 회전시켜 줍니다.

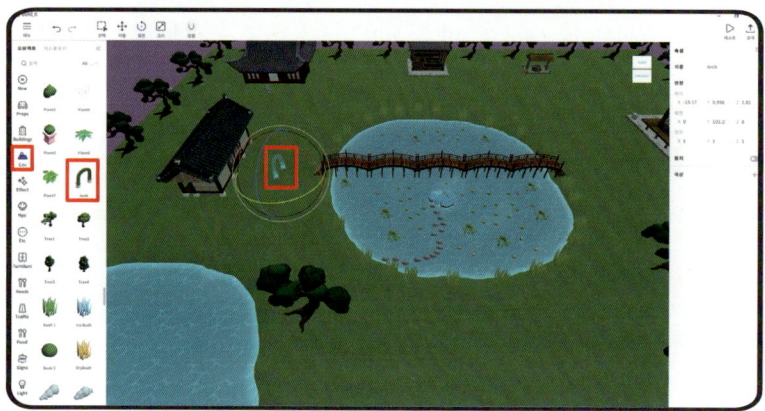

- 산책을 하다가 쉬어갈 곳이 필요하므로 검색어에 'Bench'를 입력한 후 벤치 오브젝트를 설치해줍니다. 이때 오브젝트에 톱니바퀴 모양이 그려져 있는 것은 아바타와 상호작용이 가능한 오브젝트라는 뜻입니다. 톱니바퀴 모양이 그려져 있는 벤치를 설치하면 아바타가 앉을 수 있습니다.

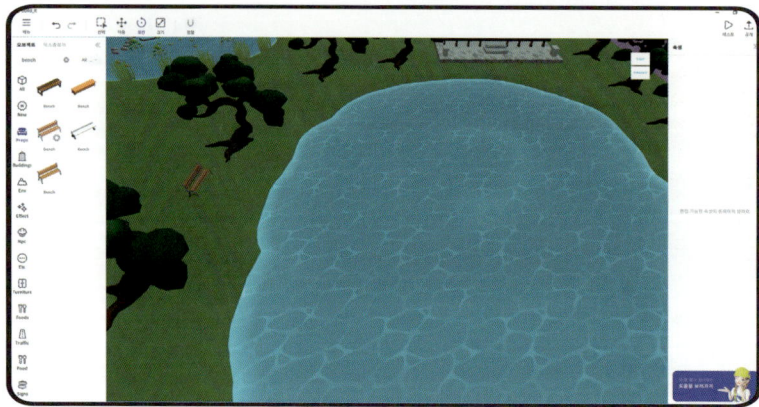

- 맵 테스트를 통해 아바타가 벤치에 다가가자 톱니바퀴 모양이 뜨며 상호작용이 가능한 것을 확인할 수 있습니다. 톱니바퀴 모양이 두 개인 것은 두 명까지 앉을 수 있다는 의미입니다.

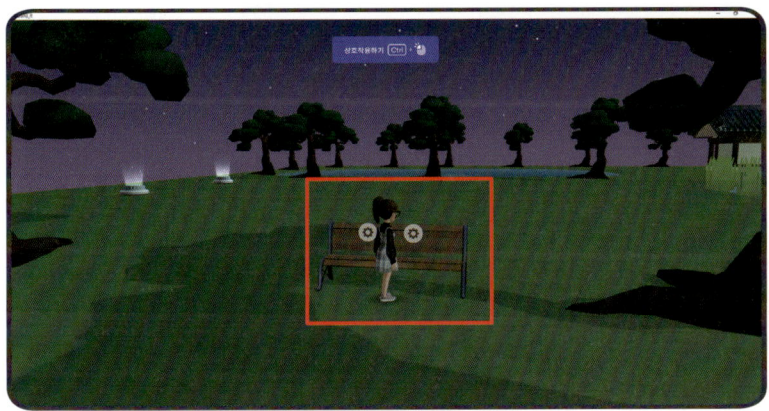

- 톱니바퀴 모양을 클릭하자 아바타가 벤치에 앉을 수 있는 것을 확인할 수 있습니다.

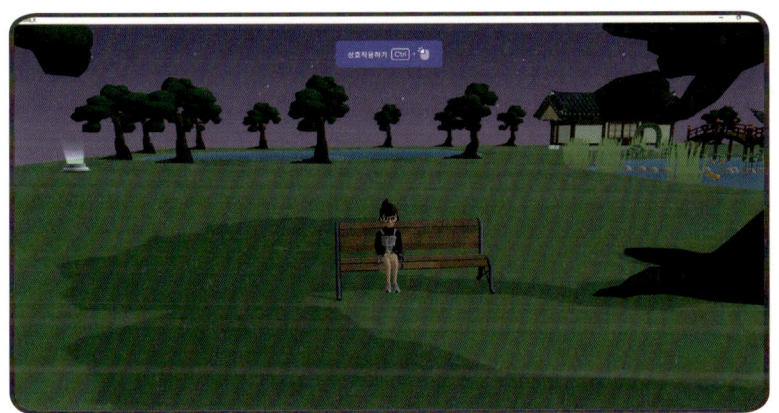

- 밤이라 어두울 수 있으니 Traffic 카테고리에서 가로등도 설치해보겠습니다.

- 건물 사이의 연결되는 길은 Traffic 카테고리의 Brick Tile2로 배치하였습니다.

- 어두운 길을 밝혀주도록 Effect 카테고리에서 밝게 빛나는 Glow 오브젝트도 배치하였습니다.

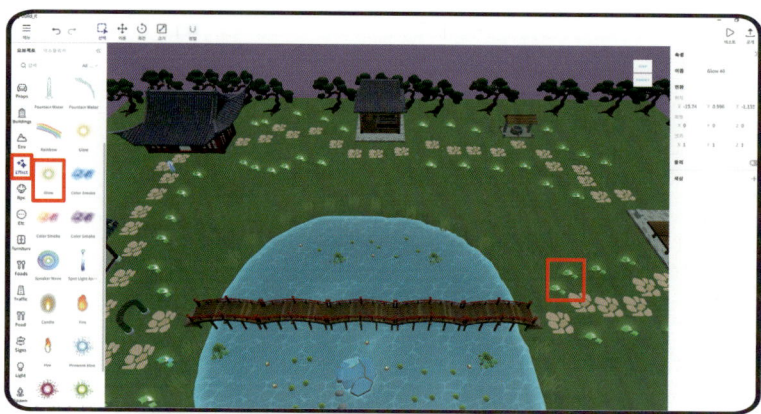

- 한옥마을 관광에 단체로 타고 왔을 2층 버스도 Traffic 카테고리에서 배치하였습니다.

- 메인 건물 안에 오브젝트도 배치해 보겠습니다. 지도의 방향을 LEFT로 바꾼 후 스페이스 바를 누른 상태에서 마우스를 움직여 건물과 각도를 맞추고 휠을 모니터 쪽으로 굴려서 내부가 잘 보이도록 확대하였습니다. 그리고 Props 카테고리에서 Cushion을 선택하여 방 안에 배치하였습니다.

- 맵을 여러 방향으로 돌려가며 더 꾸미고 싶은 곳을 꾸며줍니다.

- 맵을 다 완성했으면 오른쪽 상단의 [공개]버튼을 누르고 [확인]을 클릭합니다.

- 맵 이름은 저장한 파일 이름이 자동으로 나옵니다. 저장을 하지 않았다면 맵 이름을 입력해야 합니다. 작업한 내용이 날아가지 않도록 작업 도중에 저장을 수시로 하며 작업하기를 권장합니다. 맵 소개 내용도 입력합니다.

다음으로 섬네일을 등록하기 위해 [+모양 아이콘]을 누르면 이미지 업로드하기와 캡쳐해서 이미지 만들기 두 가지가 나옵니다. 캡쳐해서 이미지 만들기를 하면 별도로 이미지를 준비할 필요가 없으므로 이 방법을 이용해보도록 하겠습니다.

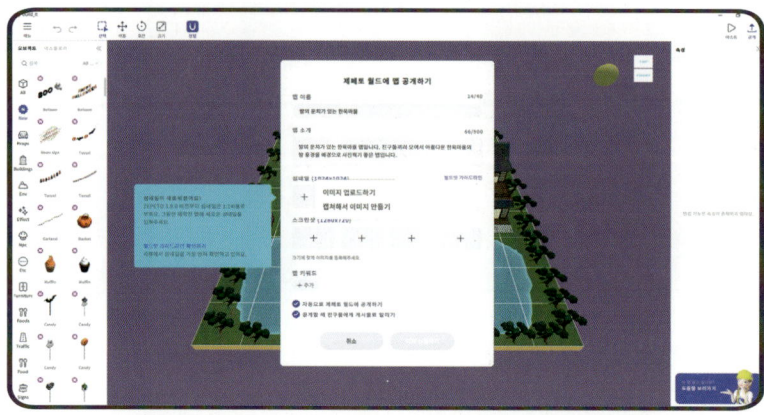

- 맵의 내용 중 캡쳐할 곳을 스페이스 바와 마우스를 이용해 이동하거나 맵의 확대 축소 기능을 활용하여 정합니다. 그리고 하단의 카메라 버튼을 누릅니다.

- 화면 하단에 캐릭터, 텍스트, 배경 색상 등을 설정하는 메뉴가 나오며 화면 오른쪽 상단에 섬네일이 등록됩니다.

- [캐릭터]를 누르면 내 캐릭터의 다양한 포즈가 나옵니다.

- 원하는 포즈를 선택하면 섬네일에 첨부할 수 있습니다. 텍스트나 배경 색상도 눌러 설정할 수 있습니다. 설정이 완료되면 [V]표시를 누릅니다.

〈오른쪽 상단의 섬네일에 캐릭터 추가 내용이 반영된 모습〉

- 다른 스크린샷도 마찬가지 방법으로 입력한 후 오른쪽 하단의 [스크린 캡쳐 완료]를 누릅니다.

- 맵 공개하기 메뉴에서 하단의 '맵 키워드' 부분의 추가 버튼을 누릅니다.

- 2개 이상의 키워드를 체크한 후 [확인]을 클릭합니다. 이때 키워드는 4개까지 선택이 가능합니다.

- 하단의 [리뷰 신청하기]를 눌러 맵 심사를 제출합니다.

- 안내를 확인한 후 [확인]을 누릅니다. 리뷰는 1~2주 정도 소요됩니다.

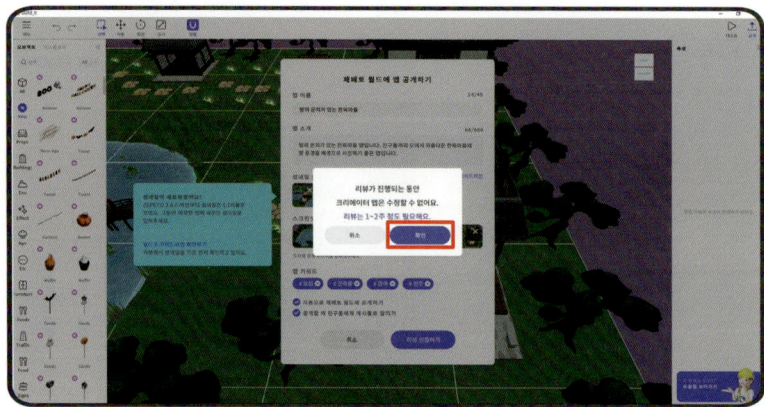

- 메인화면의 내가 만든 맵 메뉴에서 리뷰 중인 맵의 상태를 확인할 수 있습니다.

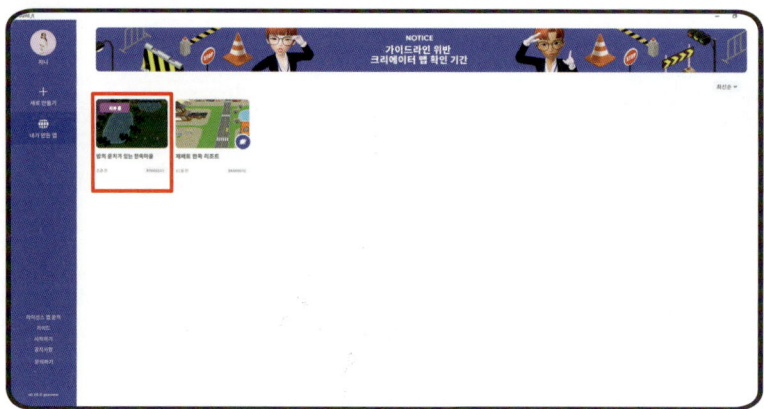

- 리뷰가 완료되면 다음과 같이 지도 오른쪽 하단에 행성 모양의 월드 아이콘이 생기며 여러 이용자들과 제페토 맵 검색을 통해 이용할 수 있게 됩니다.

지금까지 제페토 빌드잇을 활용한 실전 맵 만들기를 해봤습니다. 독자 여러분들도 나만의 테마가 있는 특별한 맵을 만들어보면 좋을 것 같습니다. 그리고 굳이 Plain 맵을 선택하지 않고 제페토에서 제공하는 기본 맵들을 활용하여 거기에 원하는 오브젝트나 익스플로러를 추가, 삭제, 변형하여 맵을 만들어보는 것도 추천드립니다.

메타버스 대표 플랫폼 제페토에서 여러가지 다양한 경험들을 만들어보고 메타버스 가상세계의 즐거움을 누려보시기 바랍니다.

[한 권으로 끝내는 제페토 사용법]

메타버스 제페토
쉽게 따라하기

초판 인쇄 2022년 02월 04일
초판 발행 2022년 02월 21일

저 자	주종민
발 행 인	김갑용
발 행 처	진한엠앤비
주 소	서울시 서대문구 독립문로 14길 66 205호(냉천동 260)
전 화	02)364-8491(대) / 팩스 02)319-3537
홈페이지	http://www.jinhanbook.co.kr
등록번호	제25100-2016-000019호 (등록일자 : 1993년 05월 25일)
	ⓒ2022 jinhan M&B INC, Printed in Korea
인 쇄	알래스카인디고(주)

I S B N 979-11-290-2627-9
정 가 16,000원

※ 이 책에 담긴 내용의 무단 전재 및 복제 행위를 금합니다.
※ 잘못 만들어진 책자는 구입처에서 교환해드립니다.